DIOS, ¿ESTÁS AHÍ?

Kay Arthur
y
Ministerios Precepto Internacional

Todas las citas bíblicas han sido tomadas de la Nueva Biblia Latinoamericana de Hoy; texto basado en La Biblia de las Américas®. © Copyright 1986, 1995, 1997 por la Fundación Lockman. Usadas con permiso (www.lockman.org).

Los Mapas y Cuadros incluidos en este libro han sido tomados de la Biblia de Estudio Inductivo, © 2005 publicada por Ministerios Precepto Internacional.

¿DIOS, ESTÁS AHÍ?
Copyright © 1994 por Ministerios Precepto Internacional
Publicado en Inglés por Harvest House Publishers
Eugene, Oregon 97402
www.harvesthousepublishers.com

       Arthur, Kay, 1933—
       Dios, ¿estás ahí?: ¿Te importo? ¿Sabes que existo? / Kay Arthur

       Ha sido incluido el Evangelio de Juan tomado de la Nueva Biblia Latinoamericana de Hoy.

       ISBN-978-1-62119-024-0

Todos los derechos son reservados. Ninguna parte de esta publicación puede reproducirse, traducirse, ni transmitirse por ningún medio electrónico o mecánico que incluya fotocopias, grabaciones o cualquier tipo de recuperación y almacenamiento de información sin permiso escrito del editor.

Precepto, Ministerios Precepto Internacional, Ministerios Precepto Internacional Especialistas en el Método de Estudio Inductivo, la Plomada, Precepto Sobre Precepto, Dentro y Fuera, ¡Más Dulce que el Chocolate! Galletas en el Estante de Abajo, Preceptos para la Vida, Preceptos de la Palabra de Dios y Ministerio Juvenil Transform son marcas registradas de Ministerios Precepto Internacional

2012 - Edición Estados Unidos

ENTRENAMIENTO GRATUITO EN CÓMO USAR LA SERIE "40 MINUTOS"

Nuestra misión es

ESTABLECER A LAS PERSONAS EN LA PALABRA DE DIOS

En Ministerios Precepto creemos que la única respuesta verdadera para impactar a nuestro tan necesitado mundo es ***una vida transformada*** por la poderosa Palabra de Dios. Con esto en mente, nos estamos movilizando para alcanzar al mundo hispano con el fin de que aprenda a "usar bien la Palabra de Verdad". Para ello, actualmente estamos ofreciendo **entrenamiento gratuito** en las destrezas necesarias para el Estudio Bíblico Inductivo.

¡Únetenos en esta maravillosa experiencia de conocer la metodología inductiva y de aprender a usar nuestra serie de "40 Minutos"!

Puedes comunicarte con nosotros:

Llamándonos al 1-866-255-5942
O enviarnos un email a nuestra dirección: wcasimiro@precept.org

También puedes escribirnos solicitando más información a:
Precept Ministries International
Spanish Ministry
P.O. BOX 182218
Chattanooga, TN 37422
O visitar nuestra página WEB: www.precept.org

Estamos a tu completa disposición, pues estamos convencidos que existimos para cooperar juntamente con la iglesia local con el fin de ver a nuestro pueblo viviendo como ejemplares seguidores de Jesucristo, que estudian la Biblia inductivamente, miran al mundo bíblicamente, hacen discípulos intencionalmente y sirven fielmente a la iglesia en el poder del Espíritu Santo.

Contenido

Buscando Respuestas a Tus Preguntas		7
Primera Semana:	El Estudio Bíblico Inductivo y las Reveladoras Seis Preguntas Básicas	21
Segunda Semana:	Descubriendo Lo Que Está Pasando— Situando la Verdad en Su Contexto	33
Tercera Semana:	Entendiendo a los Personajes Bíblicos y Su Contexto Cultural	45
Cuarta Semana:	Coman de Mi Carne, Beban de Mi Sangre— ¿Es Esto Literal o Figurado?	55
Quinta Semana:	Contrastes y Comparaciones— Comprendiendo Su Significado	61
Sexta Semana:	¿Qué Está Aconteciendo? ¿Qué Lección se Aprende?	73
Séptima Semana:	Comprendiendo el Cuadro Completo — Comparando Escritura con Escritura	85
Octava Semana:	La Importancia de las Referencias de Tiempo— La Secuencia de Eventos y Lo que Revelan	93
Novena Semana:	Metáforas, Símiles, Alegorías, y Parábolas— Entendiendo el Cuadro Completo	103
Décima Semana:	Estudios Temáticos—Obteniendo Todo el Consejo de Dios Acerca del Tema	111
Décimo Primera Semana:	Santificados por la Verdad, Sostenidos en Oración	115
Décimo Segunda Semana:	¿La Vida? ¿La Palabra? Todo Tiene que Ver con Jesucristo	123
Décimo Tercera Semana:	Finalizando—Revistiéndote con el Cinturón de la Verdad	129

Apéndice

El Evangelio de Juan	139
Cuadros y Mapas	199
Guía del Líder	203

Buscando Respuestas A Tus Preguntas

"Dios, ¿cómo eres?"
"¿Quién eres?"
"¿Has existido siempre?"
"¿Te interesas por mí?"
"Dios, ¿sabes acerca de mí?"

¿Han cruzado por tu mente pensamientos como estos? ¿Alguna vez te preguntaste quién y cómo es Dios? ¿O si Él existe?

De ser así, no tomes estos pensamientos a la ligera pues son muy importantes. El sólo hecho de tener estos pensamientos ya significa algo. Significa que Dios te está atrayendo hacia Él, pues quiere que conozcas la verdad acerca de Él.

¿Cómo sabemos esto? Porque conocemos a Dios y deseamos que tú también tengas la oportunidad de conocerlo, y de encontrar las respuestas provenientes de Él a tus preguntas.

Y para encontrar Sus respuestas, solamente hay un lugar a donde acudir. Si realmente deseas encontrar la verdad acerca de Dios y de lo que Él dice, entonces necesitas leer la Biblia.

¿Cómo Puedo Saber con Seguridad la Verdad Acerca de Dios?

Las personas pueden decirte que Dios existe, que Él sabe acerca de ti y que se preocupa por ti; pero, ¿cómo puedes saber si lo que te dicen es cierto? Tal vez sea algo que ellos piensan que es verdadero o que simplemente lo "sienten" como verdadero.

Pero, ¿y si sus pensamientos o sentimientos están distorsionados o equivocados? Después de todo tan solo son seres humanos, y ningún ser humano piensa o siente igual que otro. Algunas veces pueden estar en lo correcto, y otras veces estar equivocados.

Y si los seres humanos pueden estar equivocados, ¿a dónde podrás acudir para encontrar la verdad sobre Dios—y estar completamente seguro que eso sí es la verdad? Pues sólo hay un lugar. Debes acudir al único libro que afirma y que ha probado ser la Palabra de Dios… la Biblia.

¿Puede Dios Darle Propósito y Significado a tu Vida?

¿Puede Dios darle propósito y significado a tu vida, aunque tú o alguien más la haya estropeado? ¿Puede mostrarte cómo vivir—sin que tu situación o circunstancias te afecten? ¿Realmente ha prometido amarte, interesarse por ti y darte el maravilloso don de la vida eterna para que sepas con certeza que al morir te encontrarás en Su presencia para vivir eternamente con Él como Su hijo querido?

Con seguridad deseas saber cómo puede tenerse esa clase de relación con Dios—con el Dios que se interesa de tal forma por ti; sin importar quién seas, ni donde estés, ¿verdad?

Bueno, ese el tema de este libro que fue diseñado para ayudarte a conocer y entender la Biblia; para que puedas ver por ti mismo lo que dice acerca de Dios, de ti y de cómo llegar a ser parte de la familia de Dios.

¿Quién Escribió La Biblia?

La Biblia es un libro que afirma ser diferente a cualquier otro libro que jamás haya existido. Y es diferente por ser la Palabra de Dios, inspirada por Dios (lo cual quiere decir que los hombres escribieron exactamente lo que Dios quiso que ellos escribieran). La palabra *inspirada* generalmente significa "aliento (soplo) de Dios".

Por tanto, permítenos citar qué dice la Biblia acerca de sí misma:

"Toda Escritura es inspirada por Dios y útil para enseñar, para reprender, para corregir, para instruir en justicia, a fin de que el hombre de Dios sea perfecto (apto), equipado para toda buena obra" (2 Timoteo 3:16-17).

En estos versículos, Dios está diciéndonos que la Biblia provino de Él, y que ella nos enseña qué creer y cómo vivir (instruir en justicia significa vivir de la manera en que Dios dice que debemos vivir). La Biblia también nos muestra dónde estamos equivocados (eso es lo que significa reprender). ¡Pero no nos deja hasta allí!

La Biblia también nos dice cómo podemos volver correcto lo incorrecto. ¡La Biblia dice que lo que está mal puede corregirse si escuchamos a Dios y obedecemos lo que Él dice! ¿Acaso no es esto alentador? Además, la Biblia nos dice cómo vivir para poder enfrentar cada situación de la vida diaria.

Justo antes que Jesucristo muriera en la cruz, por los pecados de la humanidad, Él oró por cada uno de los que creerían en Él. Y en esa oración pidió que Dios "santificara" a cada creyente. Santificar significa "separar", de modo que Jesús estaba pidiendo que cada creyente fuera separado por Dios y para Dios.

Luego, Jesús nos dijo cómo haría Dios para separarnos. Él dijo: "Santifícalos en la verdad; Tu palabra es verdad" (Juan 17:17). Jesús dijo que la Palabra de Dios es verdad. Así que, cuando conozcas la verdad (la Biblia) y vivas lo que dice, serás diferente del resto del mundo. ¡El obedecer la verdad de Dios te separa para Él!

Por lo tanto, debes saber lo que es la Biblia y lo que dice. Y para entenderla, debes saber cómo leerla y estudiarla por ti mismo. Este libro te ayudará a aprender cómo hacer esto.

Te sentirás muy emocionado por lo que irás aprendiendo, pero debes recordar que tendrás que ser disciplinado. Y la disciplina nunca es fácil, pero en este caso te será muy gratificante por tratarse de un asunto vital—de una vida a un nivel superior.

Pasemos ahora a la siguiente pregunta...

¿Qué es la Biblia?

La Biblia, que afirma ser la Palabra de Dios, está compuesta por 66 libros diferentes. Estos 66 libros fueron escritos por más de cuarenta hombres durante un período de 1,400 a 1,800 años. Dios les inspiró a ellos para que escribieran estos libros con la intención que nos dijeran exactamente lo que Dios quiere que sepamos y creamos.

La Biblia tiene dos secciones principales. La primera es llamada el Antiguo Testamento y la segunda el Nuevo Testamento.

El Antiguo Testamento

El Antiguo Testamento nos dice cómo Dios creó el mundo, cómo creó la humanidad, y cómo el primer hombre y la primera mujer desobedecieron a Dios. Eva escogió escuchar a Satanás en vez de a Dios, y comió del fruto prohibido. Luego, ella misma le dio el fruto a Adán, quien comió de él desobedeciendo también a Dios. Como resultado de esta desobediencia, en la humanidad entró un terrible problema (Dios llama a este problema "pecado"). Sin embargo, movido por Su gran amor, Dios hizo un camino para que podamos ser restaurados—para que nuevamente seamos Sus amigos y tengamos una relación personal con Él. Y el Antiguo Testamento nos dice lo que Dios hizo para que eso fuera posible.

La mayor parte del Antiguo Testamento se enfoca en la historia de Israel, por haber sido la nación que Dios escogió para obrar a través de ella en una forma especial. Si Israel existe hasta el día de hoy es gracias a las promesas que Dios hizo a esa nación en aquel entonces.

El Antiguo Testamento originalmente fue escrito en dos idiomas: hebreo y arameo. La mayor parte de él fue escrito en hebreo, el idioma hablado por los judíos (el pueblo y la nación especialmente escogida por Dios).

El Antiguo Testamento tiene 39 libros. Fue escrito y

completado casi 400 años antes que Jesucristo naciera. Constituía la única parte existente de la Biblia hasta poco después que Jesús murió y se levantó de la muerte. Era la Biblia que Jesús conoció y usó mientras estuvo sobre la tierra; en ese entonces el Nuevo Testamento aún no se había escrito.

Aunque el Antiguo Testamento fue escrito originalmente en hebreo, tiempo después fue traducido al griego koiné (idioma desarrollado por los griegos, que fue usado en el tiempo de Jesús). Koiné significa "común", y el griego koiné fue el idioma común que se usó en el mundo de ese entonces (hasta aproximadamente 700 años d. C.). Esta traducción, que fue completada alrededor de 100 años a. C., fue llamada la Septuaginta. Se trató de un trabajo muy importante porque permitió que muchas más personas pudieran leer y entender la Palabra de Dios en su propio idioma.

El Nuevo Testamento

El Nuevo Testamento se escribió después que Jesucristo murió, se levantó de la muerte y ascendió al cielo. Originalmente fue escrito en griego koiné, y está compuesto de 27 libros.

Los primeros cuatro libros del Nuevo Testamento son llamados los evangelios: El evangelio de Mateo, Marcos, Lucas y Juan.

La palabra evangelio significa "buenas nuevas".Y las buenas nuevas son que Jesucristo te amó tanto que murió para pagar por tus pecados para que pudieras ser parte de la familia de Dios. Otro aspecto importante de las buenas nuevas es que Jesucristo se levantó de la muerte para nunca más morir. Y cuando crees verdaderamente lo que dice la Biblia acerca de Jesucristo, y lo recibes como Señor y Salvador, entonces puedes caminar en una nueva vida. ¡Tu decisión de caminar con Jesús te da un nuevo propósito! Es una oportunidad para comenzar de nuevo, como una nueva persona. Dios dice que cuando tienes esta "nueva vida" llegas a convertirte en una "nueva criatura", porque Jesucristo vive en ti a través del Espíritu Santo. Y Jesucristo te da el poder para ser diferente y estar seguro que te levantarás de la muerte para vivir eternamente con Él.

Los evangelios nos dicen todo acerca de la vida de Jesús, Su ministerio, muerte y resurrección. De hecho, tú y yo estudiaremos uno de los evangelios—el evangelio de Juan — en este libro para que puedas entender estas buenas nuevas por ti mismo y decidas cómo vivirás a la luz de ellas.

La mayor parte del Nuevo Testamento está compuesto de epístolas, que fueron cartas escritas a personas o grupos de creyentes en la iglesia primitiva. Las epístolas están llenas de información acerca de lo que debemos creer y de cómo debemos vivir por ser hijos de Dios. Todo esto podrás descubrirlo al leerlas y estudiarlas.

¿Cómo fue Escrita la Biblia y Preservada para Nosotros?

Como mencionamos anteriormente, al ser inspirados por Dios, los autores de la Biblia escribieron exactamente lo que Él quiso que escribieran. Y el escrito original se conoce con el nombre de "manuscrito". Después, algunos hombres llamados "escribas" copiaron los manuscritos en rollos de pergamino (pieles secas de animales) o papiros (un papel similar a la tela, hecho con la corteza interna de un tallo de caña).

Aunque no tenemos ninguno de los manuscritos originales, sí disponemos de muchas copias a mano de los originales. De hecho, hay más copias de los manuscritos originales de las Escrituras que de cualquier otro escrito antiguo que los hombres acepten como auténtico y digno de estudiarse.

Cuando un escriba copiaba un manuscrito, seguía un procedimiento especial para asegurarse que nada fuera omitido, mal copiado o aumentado. ¡De llegar a encontrarse un error, todo el rollo era desechado!

¿Por qué eran tan cuidadosos? Porque estaban tratando con la Palabra de Dios, y ésta no podía ser cambiada o alterada de forma alguna. Nuestro todopoderoso y sabio Dios guardó cuidadosamente Su Palabra, para que ni una letra fuese alterada por el hombre. Jesús mismo nos aseguró esto cuando dijo:

> "Porque en verdad les digo que hasta que pasen el cielo y la tierra, no se perderá ni la letra más pequeña ni una tilde de la Ley hasta que toda se cumpla" (Mateo 5:18).

Aunque la Biblia está compuesta de 66 libros escritos en un período de 1,400 a 1,800 años, todos ellos encajan como un solo mensaje sin ninguna contradicción. ¿Por qué? ¡Porque es la Palabra de Dios!

¿Para Qué fue Escrita la Biblia?

La Biblia fue escrita para que cualquiera que desee saber quién es Dios, y cómo vivir para complacerlo, pueda leerla y descubrirlo.

Dios quiere que tengamos una relación personal con Él. Dios quiere ser un Padre para nosotros. Y para poder tener este tipo de relación, Dios tiene que hablarnos. Tiene que explicarnos quién es y cómo podemos tener una relación íntima y maravillosa con Él. Dios también desea que entendamos las bendiciones de vivir una vida de obediencia a Su Palabra y las consecuencias de desobedecerle. Él quiere que sepamos la verdad sobre la vida y sobre lo que ocurrirá en el futuro.

La Biblia nos dice todo cuanto debemos saber acerca de la vida. Y esa es la razón por la que necesitas estudiarla por ti mismo.

¿Cómo Está Organizada la Biblia?

La Biblia está dividida en dos partes: Primero, el Antiguo Testamento, seguido por el Nuevo Testamento. Al principio de cada Biblia encontrarás un índice en que se te dice los nombres de los 66 libros del Antiguo y Nuevo Testamento, así como también el número de página donde comienza cada uno de ellos.

Cuando abras una Biblia, verás que cada libro está dividido en capítulos, y que cada capítulo está divido en versículos. Sin embargo, debes saber que los libros originales de la Biblia no fueron escritos con las divisiones de capítulos o versículos. Estas divisiones se hicieron muchos siglos después para que la Biblia fuera más fácil de leer y estudiarse.

El tener los libros divididos en capítulos y versículos resulta también muy útil cuando uno desea buscar algo específico. Por ejemplo, cuando alguien quiera decirte que busques cierto versículo te anotará el nombre del libro, el número del capítulo y el número del versículo. De este modo, Juan 3:16 es una referencia al evangelio de Juan, capítulo 3 y versículo 16. Y si vas a leer más de un versículo, puedes citarlo así: Juan 3:16-36. En este caso debes leer todos los versículos, del 16 al 23, en el capítulo 3.

Si alguien está escribiendo y hace una cita de la Biblia, él o ella continuará la cita entre paréntesis, incluyendo lo que nosotros llamamos su "ubicación"—que es el libro, capítulo y versículo donde puedes encontrarlo. Esto se verá así:

> "Porque de tal manera amó Dios al mundo, que dio a Su Hijo unigénito (único), para que todo aquél que cree en El, no se pierda, sino que tenga vida eterna" (Juan 3:16).

¿Cómo Puedes Descubrir lo que la Biblia Dice?

Para descubrir lo que la Biblia dice, debes leerla de tal forma que te ayude a entender:

- Qué dice,
- Qué significa,
- Y cómo debes aplicarlo a tu vida.

Ciertas destrezas de estudio te ayudarán a hacer esto, y la mejor manera de aprenderlas es ¡practicándolas! Eso es lo que haremos juntos en las siguientes semanas.

El método de estudio que usaremos se llama método inductivo. Este método constituye la mejor manera de estudiar la Biblia, porque te lleva directamente a la Biblia misma.

El método inductivo no te dice lo que significa la Biblia o lo que deberías creer. En cambio, te ayuda a entender y conocer la Biblia mostrándote cómo ver (observar) por ti mismo lo que ella dice. Luego de ver lo que dice, entonces puedes llegar a un entendimiento de lo que el autor quiso dar a entender.

Al estudiar la Biblia inductivamente, deberás leerla con mucha devoción. Esto quiere decir que debes leerla con un corazón deseoso de escuchar lo que Dios te está diciendo. Dios nos habla de manera personal a través de Su Palabra; por lo tanto, a medida que la leas y estudies, querrás también asegurarte de tomar tiempo para escuchar lo que Dios te está diciendo.

¡La Biblia es un libro eterno! Y aunque es cierto que fue escrita para otros, y acerca de otros, Dios nos dice que también fue escrita para nosotros—para darnos esperanza y decirnos cómo vivir. La Biblia es para todas las personas, de todos los tiempos, sin importar de qué país o tribu vengan, cuál sea su color, raza, nacionalidad, sexo, edad o situación económica.

Cuando Dios le habla al "hombre", Él le está hablando

a toda la humanidad—tanto al hombre como a la mujer. En Jesucristo "No hay Judío ni Griego; no hay esclavo ni libre; no hay hombre ni mujer, porque todos son uno en Cristo Jesús" (Gálatas 3:28).

En otras palabras, Dios no considera ni estima una raza, condición, clase social o sexo como superior a otra. Cuando recibimos a Jesucristo, todos somos iguales. Eso es lo que Él nos dice y quiere darnos a entender; y esto es así porque Dios es Dios.

Ya que el propósito de este libro es ayudarte a ver por ti mismo lo que Dios dice sobre Sí Mismo, sobre ti y sobre la relación que Él quiere tener contigo, juntos estudiaremos el cuarto libro del Nuevo Testamento, el evangelio de Juan.

Al término de este estudio, habrás descubierto por ti mismo cuanto Dios dice en ese evangelio. Entonces, podrás decidir si creerás en Dios o no.

¿Cómo estudiaremos el Evangelio de Juan?

Lo estudiaremos un capítulo a la vez; y mientras lo hacemos te mostraremos cómo observar el texto bíblico en tal forma que te ayude a ver por ti mismo lo que enseña cada capítulo. No te vamos a decir qué creer, simplemente te mostraremos cómo descubrir por ti mismo lo que Dios está diciendo.

Requerimos de ti que te comprometas a cumplir al menos siete de las trece semanas de este estudio. Sin embargo, una vez que hayas comenzado te sorprenderá ver qué rápido pasa el tiempo y lo que vas aprendiendo cada semana. Luego, si decides continuar -y es nuestra oración que lo hagas- podrás terminar las restantes seis semanas de estudio. Podemos asegurarte que si realizas este estudio, y si crees lo que Dios dice, entonces serás grandemente bendecido.

A la semana tendrás cinco tareas (deberás hacer una de ellas diariamente); y si no te es posible hacerlas cada día, entonces puedes establecer tu propio ritmo para cumplirlas.

Sólo recuerda que la Biblia es la verdad, y si deseas saber la verdad necesitas disciplinarte para estudiarla. Recuerda también que existe un ser que no quiere que conozcas la verdad (a él se lo menciona en Juan 8:44). Nunca permitas que te aleje de la verdad— ¡termina fielmente tu estudio!

Además queremos decirte que te será de gran ayuda el realizar este estudio con otra persona con quien puedas discutirlo. Y al hacerlo, siempre deberán volver al capítulo y versículo que están estudiando para que puedan estar seguros que sus respuestas y observaciones provienen de la Biblia y no de lo que ustedes u otros piensen. Al final de este libro encontrarás una guía para líderes que te ayudará semana tras semana mientras discutes lo que aprendes y piensas cómo aplicarlo a tu vida.

Finalmente, debes saber que no entenderás todo cuanto leas, sino solamente aquello que Dios quiere que entiendas. Él te enseñará un poco; y cuando entiendas eso, te enseñará un poco más. Cuanto más estudies la Palabra de Dios, más la entenderás. Nosotros hemos sido cristianos por mucho tiempo y todavía tenemos mucho por aprender. ¡Qué emocionante es esto! ¡Continuamente podemos seguir aprendiendo más acerca de nuestro amado Padre, y precioso Señor y Salvador, hasta que lo veamos cara a cara! ¡Esto es realmente maravilloso!

¿Cómo Empezar tu Estudio?

Comienza con Oración

Orar es, sencillamente, hablar con Dios. Y como la Biblia es el libro de Dios, entonces debes buscar a Dios y pedirle ayuda para entender Su libro.

Sólo dile a Dios que quieres ver la verdad por ti mismo y que deseas que Él te ayude a entender lo que te está diciendo.

Busca el Propósito del Libro

Cada libro de la Biblia fue escrito por alguna razón en particular. Así que lo primero que debes hacer cuando leas un libro de la Biblia, es buscar el propósito del autor al escribirlo. En otras palabras, por qué Dios incluyó este libro en la Biblia. Si el autor no te dice específicamente su propósito, entonces debes averiguar acerca de qué o de quién escribe más. Esto te ayudará a descubrir su propósito.

Algunas veces necesitarás leer un libro varias veces para ver el propósito del autor al escribirlo. Esto no resulta muy difícil con los libros cortos de la Biblia, pero con los libros largos puede tomar algo más de tiempo.

Cualquiera sea el caso, encontrar el propósito es verdaderamente vital, porque éste determina la forma cómo se expone el material en el libro y lo que se cubre en el escrito.

Por ejemplo, el propósito o razón del autor al escribir el evangelio de Juan se menciona en Juan 20:30-31. Al final de este libro encontrarás todo el evangelio de Juan, busca esos versículos y estúdialos. Luego anota aquí, a continuación, por qué Juan escribió ese evangelio:

Recuerda que todo lo escrito por Juan en ese evangelio fue para ayudarlo a cumplir ese propósito. Mientras lees cada capítulo observa lo que dice Juan, acerca de Jesucristo, en relación a su propósito: Para probar que Jesús es el Cristo, el Hijo de Dios; para que puedas creer en Él y tengas vida eterna.

Mientras estudias cada capítulo iremos compartiendo contigo algunas destrezas del estudio inductivo. Luego, conforme vayas practicando estas destrezas, aprenderás cómo puedes estudiar inductivamente otros libros de la

Biblia. Y eso es muy emocionante, pues no sólo aprenderás el evangelio de Juan— ¡sino que también aprenderás a estudiar el resto de la Biblia! Y si eres un estudiante o académico, esto también te ayudará en otros tipos de estudios.

Primera Semana:
El Estudio Bíblico Inductivo y las Reveladoras Seis Preguntas Básicas

Primer Día

1. Al final de este libro encontrarás todo el evangelio de Juan impreso en un formato llamado Registro de Observaciones. Se trata pues de los textos de la Biblia impresos con un espacio entre líneas para que puedas marcar tus observaciones y hacer anotaciones.

Al estudiar la Biblia inductivamente, observas el pasaje que estás estudiando. Observar algo es mirar de cerca para ver todo cuanto deba verse.

Cuando observas algo cuidadosamente puedes ver:

a. Cómo se mira todo en conjunto.

b. Cómo son las diferentes partes.

c. Cómo se relacionan esas partes, unas con otras.

Una buena forma de observar un capítulo de la Biblia es haciendo las **seis preguntas básicas**: ¿QUIÉN? ¿QUÉ? ¿CÓMO? ¿CUÁNDO? ¿DÓNDE? ¿POR QUÉ?

Por ejemplo, cuando lees un capítulo en Juan debes hacer preguntas como éstas:

1. ¿De QUIÉN o de QUÉ trata este capítulo?

Puede tratar sobre una persona — esto es el QUIÉN.
O
Podría tratar sobre un evento o tema especial, esto es el QUÉ.

2. ¿QUÉ aprendo de este pasaje sobre las personas, evento o tema?

3. ¿CUÁNDO está ocurriendo? o ¿CUÁNDO sucederá esto?

4. ¿DÓNDE se está llevando a cabo? o ¿DÓNDE ocurrirá?

5. ¿POR QUÉ fue dicho? ¿POR QUÉ fue mencionado? ¿POR QUÉ esta persona hizo esto? ¿POR QUÉ sucedió? ¿POR QUÉ sucederá?

6. ¿CÓMO fue hecho? ¿CÓMO ocurrió? o ¿CÓMO sucederá?

No siempre encontrarás respuesta a todas las 6 preguntas básicas en los textos que estudies. Cuando observes la Palabra de Dios, solamente debes ver lo que Dios dice. Y si Dios quiere que sepas algo, te lo dirá en forma sencilla; así que no trates de ver cosas que no estén ahí. Dios desea que conozcas la verdad y que la entiendas; y conforme observas cuidadosamente lo que Él dice, podrás ver la verdad y conocerás a Dios tal como es.

Observar el texto para descubrir lo que dice—esta es la ***observación.***

Y en el desarrollo de la observación, descubrirás lo que el texto significa—esto es la ***interpretación***.

Una vez que sabes lo que Dios dice, y lo que eso significa, el vivir de acuerdo a ello—es la ***aplicación***.

2. Vuelve a tu Registro de Observaciones de Juan 1 en el Apéndice (el Apéndice es la sección en la última parte del libro, después de la Décimo Tercera Semana, que contiene materiales adicionales que necesitarás para hacer tu estudio).

Lee todo el capítulo 1 para ver de qué se trata (recuerda orar antes de comenzar, pidiéndole a Dios que te ayude). Cuando termines pasa al número 3.

3. ¿Cuáles son las dos personas de quienes más habla este capítulo? Escríbelas a continuación.

a.

b.

Esto es suficiente por hoy. Mañana comenzaremos a marcar las palabras claves, y te sentirás muy entusiasmado por todo cuanto aprenderás. A propósito, nos sentimos realmente orgullosos de ti por esforzarte para ver la verdad por ti mismo. Nunca te arrepentirás de esto. Dios te abrirá todo un mundo nuevo y te sentirás muy agradecido con Él.

Segundo Día

Al leer algún capítulo de la Biblia encontrarás que ciertas palabras importantes estarán repetidas varias veces en él. A ellas las conocemos como las palabras clave; y al igual que una llave, nos abren el significado del texto bíblico.

Deberás marcar cada palabra clave de una manera resaltada para que puedas detectarlas fácilmente. Una vez que decidas cómo destacar una determinada palabra clave, tendrás que marcarla de igual manera cada vez que aparezca en el texto. Puedes usar un mismo color, un símbolo o una combinación de ambos para marcar la palabra clave.

Por ejemplo, nosotros siempre coloreamos la palabra *creer* en azul; y debido a que coloreamos la palabra *vida* con el mismo color, empleamos además un símbolo—hacemos un cuadro de color verde alrededor de ella para distinguirla de la palabra *creer*. Cuando marcamos la palabra *diablo* sólo usamos un símbolo— ¡un tridente!

Te será de gran ayuda hacer una lista de las palabras clave que aparezcan a lo largo de todo el libro; para esto elabora una tarjeta de 9 cm x 15 cm que puedas usarla como un separador. Luego, escribe en el separador cada palabra clave del evangelio de Juan y márcala como planees hacerlo en el texto. Puedes usar tu separador mientras avanzas capítulo a capítulo cada semana, para así recordar cómo estás marcando las palabras. Por cierto, a medida que trabajemos seguiremos recordándote que continúes marcando las palabras clave conforme avancemos (no siempre será necesario que agregues toda palabra clave que marques, porque algunas solamente están en un capítulo en particular, de modo que al terminar ese capítulo ya no tendrás que marcarla).

1. Hoy leerás Juan 1:1-18. Mientras lo haces deberás marcar cada referencia a la palabra clave *Verbo*. Con lápiz color amarillo puedes colorear la palabra *Verbo* cada vez que aparezca. Si no tienes lápices de colores, dibuja un libro abierto sobre la palabra clave o arriba de ella.
"en el principio era el Verbo, y ..."

2. Nuevamente lee Juan 1:1-18. Esta vez busca los pronombres que se refieran a la palabra clave. Un **pronombre** es una palabra que reemplaza a un sustantivo y se refiere a personas o cosas mencionadas o entendidas en el contexto. En Juan 1:1-18 los pronombres serán palabras como Él y Su que se usen en lugar de *Verbo* y que hagan referencia a él. Colorea o marca estas palabras de la misma forma que lo hiciste con la palabra clave; pero asegúrate que los pronombres que marques se refieran al *Verbo* y no a alguien más. ¡Te daremos una pista! Cuando leas el texto de la Biblia en tu Registro de Observaciones, notarás que todos los pronombres que se refieren a Dios el Padre, Jesucristo o el Espíritu Santo siempre empiezan con mayúsculas.

3. Una vez que has marcado todas las referencias de esta palabra clave en Juan 1:1-18, y los pronombres correspondientes, debes marcar cualquier sinónimo que se refiera a *Verbo*.

Un **sinónimo** es una palabra que tiene el mismo significado que otra palabra, o una palabra que se refiere a la misma persona, lugar o cosa. Por ejemplo, las palabras *Dios*, *Padre* y *Todopoderoso* son sinónimas porque se refieren a la misma persona.

4. Fíjate y marca el (los) sinónimo(s) usado(s) en Juan 1:1-18 que se refieran a *Verbo, vida, luz* y el *Unigénito del Padre*.

¿Estás algo inquieto porque crees no estar obteniendo las respuestas correctas? ¡No te preocupes! ¡Verás la verdad por ti mismo! Has tenido un muy buen comienzo y nos sentimos muy orgullosos de ti. Recuerda, aquellos que tienen éxito son los que determinan perseverar hasta que aprenden. Siempre animamos a los estudiantes a: ¡Seguir adelante!

Por cierto, la lección de la primera semana es un poco larga, ¡pero es porque el capítulo 1 es muy largo! No te des por vencido, porque cada semana será más fácil. Además, conforme avanzas durante las semanas, estás ganando entendimiento, y eso lo hace más fácil. ¡Sigue adelante, no te des por vencido!

Tercer Día

1. Después de marcar las palabras clave debes hacer una lista de lo que observaste al marcarlas (más adelante te mostraremos cómo hacerlo—de modo que sigue leyendo). Puedes hacer tu lista al margen del Registro de Observaciones, o puedes hacerla primero en una hoja aparte y luego copiarla en el margen del registro cuando te sientas satisfecho con ella.

Tu tarea para hoy es hacer una lista de lo que aprendes acerca de la palabra clave *Verbo*. Así que mira cada lugar donde has marcado la palabra *Verbo* o sus pronombres y sinónimos en Juan 1:1-18, y haz la lista de lo aprendido observando el texto.

No escribas nada que hayas oído, pensado, sentido o creído—anota únicamente lo que Juan 1:1-18 te enseña acerca del Verbo (te daremos suficiente espacio para que hagas tu lista; por ahora no es necesario que uses todo ese espacio con tus observaciones, pero sí lo necesitarás para la tarea del Quinto Día).

Ahora, empezaremos mostrándote cómo hacer la lista. Fíjate que hemos escrito el número del versículo donde encontramos lo que vimos al hacer nuestra lista. Nosotros te daremos las dos primeras cosas que pueden verse acerca del Verbo en este capítulo.

El Verbo:

V. 1 En el principio ya existía.
V. 1 Estaba con Dios.
V. _____
V. _____

2. Entonces, ¿escribiste: "En El estaba (existía) la vida"? Si no, revisa otra vez Juan 1:4 y observa lo que dice. Y en tu lista, ¿escribiste: "Existía la Luz verdadera"? Debes asegurarte de registrar en tu lista todo lo que aprendiste acerca del Verbo. Si recuerdas algo que no escribiste, ¡agrégalo!

3. Finalmente, pensemos en tus observaciones de Juan 1:1-18 y cómo se relacionan con el propósito de Juan al escribir su evangelio.

Recuerda que la razón de Juan para escribir fue que el lector (lo que te incluye a ti) pueda ver las señales que Jesús realizó, y creer que Jesús es el Cristo, el Hijo de Dios, y para que creyendo, tengan vida en Su nombre (Juan 20:30-31).

   a. El primer capítulo de Juan no nos dice nada acerca de las señales que Jesús hizo. Pero, ¿hay algo que observaste en Juan 1:1-18 que indique que Jesús es el Hijo de Dios? O dicho de otro modo, ¿hay algo que te indique que Jesús es Dios? Haz una lista a continuación.

   b. ¿Cómo se le llama a Jesús en Juan 20:31? Y lo que se dice de Él en el 20:31, ¿es semejante a lo que ves en el 1:1-18? Explica tu respuesta.

Ahora bien, ¿acaso no te sientes animado por todo lo que has visto? Puede que hayas realizado tus observaciones junto con un amigo o con un maestro, o tal vez no viste lo que otros sí vieron; pero, sea cual sea la situación, lo que hayas visto... *¡lo viste por ti mismo!*

Cuarto Día

1. En Juan 1:1-18 leemos sobre Jesucristo, la Palabra de Dios, y sobre alguien más. De acuerdo a Juan 1:6, ¿cuál es el nombre de aquel hombre? Escríbelo a continuación.

2. Lee Juan 1:1-18 y marca toda referencia a este hombre. Usa siempre el mismo color o símbolo. Si no tienes lápices de colores, usa el siguiente símbolo: Juan (para indicar el agua—porque ¡él es Juan el Bautista!).

3. Ahora bien, si dispones de tiempo, haz una lista de todo lo que observes al marcar cada referencia a este hombre (nuevamente te daremos más espacio del que necesitas en este punto. El espacio restante lo usarás más adelante).

Quinto Día

1. Hoy debes leer el resto del capítulo 1. Lee los versículos 19-51 y marca toda referencia a *Jesucristo* de la misma forma en que marcaste las referencias a la palabra *Verbo*. No olvides marcar también los pronombres y sinónimos. Por ejemplo, en Juan 1:29 descubres quién es el Verbo—cuál es Su nombre; entonces márcalo de la misma manera que marcaste *Verbo*. En Juan 1:29, Jesús es llamado el Cordero de Dios, de modo que deberás marcar Cordero de Dios en la misma forma que marcaste *Verbo*. Luego, en el versículo 30, es llamado Hombre, así que márcalo de la misma manera.

2. Lee otra vez los mismos versículos y marca cada referencia a *Juan*, incluyendo cualquier pronombre y sinónimo. Usa el mismo color o símbolo que ayer utilizaste para él (a propósito, el Juan que se menciona en los versículos 19-51 no es el mismo que escribió el evangelio. Recuerda que en los versículos 19-51 se está hablando de Juan el Bautista).

3. Vuelve ahora a la lista que comenzaste el Tercer Día, y bajo el numeral 1 agrega todo lo que aprendes al marcar cada referencia a Jesucristo en los versículos 19-51.

4. Si no estás muy cansado, escribe también todo lo que aprendes acerca de Juan, bajo el numeral 3 en la lista que comenzaste el Cuarto Día.

5. Ahora, recordando el propósito de Juan al escribir este evangelio, mira tu lista acerca de Jesús y de Juan el Bautista, y haz una marca en cada verdad que ayude a Juan a cumplir su propósito al escribir este libro. ¿Verdad que resulta emocionante ver desde el primer capítulo todo cuanto nos dice Juan acerca de Jesucristo? Y en el resto de su evangelio, Juan nos mostrará estas verdades una y otra vez, para que estemos muy atentos a ellas.

6. En el Apéndice encontrarás, en la página 199, un cuadro llamado PANORAMA DE JUAN. En este cuadro podrás anotar el tema principal de cada capítulo del evangelio de Juan; el tema principal es el asunto o evento más importante que se trata en un capítulo. Es el tema del que más se habla.

Al dedicar tiempo para ilustrar el tema y anotarlo, podrás recordar de qué trata ese capítulo. Y si anotas el tema en el cuadro del PANORAMA DE JUAN, te resultará mucho más fácil encontrarlo cuando lo necesites. Además, anotar el tema de cada capítulo te ayuda a ver cómo se relacionan los capítulos unos con otros; y a la vez, te aclara la razón del autor para escribirlo.

Escribe el tema del capítulo, junto al número 1, en la primera línea del cuadro del PANORAMA DE JUAN.

7. En este punto, tomemos unos minutos y miremos si puede aplicarse a tu vida algo de lo que has observado hasta ahora. Como ayuda vamos a darte algunas preguntas para que pienses cuidadosamente en ellas y las respondas. Sería bueno que escribieras tus respuestas, pero si no te sientes cómodo haciéndolo, sólo contéstalas en tu corazón.

Juan dice que Jesucristo es "el Cordero de Dios que quita el pecado del mundo" (Juan 1:29).

Cuando una persona peca, (él o ella) está dirigiendo su propia vida. Y no permite que Jesús sea su Señor y Amo. Prefiere creer lo que quiere creer aunque no esté de acuerdo con lo que Dios dice en Su Palabra. Realmente no cree que Jesús es Dios; y en caso de creerlo, no lo honra como su Dios ni le obedece. Cuando una persona peca está quebrantando o desobedeciendo los mandamientos de Dios.

a. ¿Eres tú un pecador?

b. Según Juan 1:29, ¿qué hará Jesús con tus pecados?

c. Según Juan 1:12, ¿cómo llega una persona a ser hija de Dios?

d. Según Juan 1:11, ¿recibirán todos a Jesucristo?

Es muy importante que recuerdes esta última respuesta. Conforme continuemos nuestro estudio, aprenderás mucho acerca de las personas que rehúsan creer que Jesucristo es el Hijo de Dios y que no lo reciben como su Dios y Salvador. Aprenderás qué les ocurrirá, cómo se sentirán respecto a ti y cómo te tratarán si crees en Jesucristo. Podrás ver qué debes hacer a la luz de esto y cómo debes responder si eres un hijo de Dios.

8. Finalmente tenemos una última pregunta en dos partes:

a. ¿Qué es lo más importante o emocionante que has aprendido acerca de Jesucristo, en tu estudio de esta semana?

b. ¿Qué es lo que más te inquieta sobre lo que has visto? O ¿cuál es tu gran interrogante?

Pues bien, acabas de completar tu primera semana de estudio, ¡y vaya que fue larga! ¡Estamos orgullosos de ti! ¡Nos regocijamos por tu diligencia! Dios usará todo lo que estás haciendo para "separarte" de un modo muy especial, si simplemente crees en lo que Él dice. Eso significa encontrar tu verdadera "identidad"—ser lo que Dios te ha diseñado para que seas.

Ahora, hasta que nos reunamos dentro de dos días, piensa en lo que has aprendido del Libro de Dios -la Biblia. Respecto a Su Hijo, Dios dice que debemos "Vivir como Jesús".

Segunda Semana:
Descubriendo Lo Que Está Pasando - Situando la Verdad en Su Contexto

Primer Día

1. Lee el capítulo 2 del evangelio de Juan, en el Registro de Observaciones que aparece en el Apéndice.

Mientras lees este capítulo, busca y marca cualquier referencia a tiempo. El CUANDO sucede algo es muy importante. Cuando Dios nos da "indicadores de tiempo" debemos prestarles mucha atención. Y aunque Él no menciona con frecuencia un día específico, hora o mes, sí nos indica el tiempo y la secuencia de tiempo de diferentes maneras.

Por ejemplo, en este capítulo y a través del evangelio de Juan, leerás que Jesús asiste a ciertas fiestas. El marcarlas te ayudará a ver cuándo sucedió algo, dado que las fiestas ocurrían en un particular tiempo del año. Todo varón judío debía ir a Jerusalén tres veces al año para celebrar tres fiestas anuales.

Cuando estudiamos la Biblia siempre marcamos cualquier referencia a tiempo dibujando un reloj 🕐 al margen.
También colocamos un reloj sobre palabras como luego, cuando y después, si ellas muestran una progresión de eventos que indique una secuencia de tiempo. Si no deseas usar el símbolo del reloj, puedes colorear las referencias a tiempo con un color especial (como el verde) o subrayarlas con un bolígrafo.

También debes marcar toda referencia a los lugares. Para esto podrías usar una doble línea en diferente color. Por ejemplo, así marcarías el lugar mencionado en Juan 2:1.

Al tercer día se hicieron unas bodas en <u>Caná de Galilea</u>; y la madre de Jesús estaba allí.

Cuando veas que se mencione la Pascua, márcala de la misma forma como estás marcando tiempo, ya que la Pascua era una fiesta judía que anualmente se celebraba en la misma fecha (la Pascua era una fiesta que comenzaba el décimo cuarto día del primer mes del calendario judío. Ese mes era llamado Nisán y corresponde a los meses de marzo o abril de nuestro calendario. Recuerda estas fechas cuando veas que se mencione la Pascua).

Todas estas marcas te ayudarán a ver cuándo y dónde estaba Jesús, o el cuándo y el dónde de ciertos eventos (no olvides agregar estas referencias a tiempo y lugar en tu separador).

2. Cuando termines de leer Juan 2, regresa a Juan 1 y colorea o subraya las referencias a tiempo y lugar de la misma forma como lo hiciste en el capítulo 2.

En Juan 1, la única frase para indicar tiempo es *el siguiente día*; debes marcarla porque te muestra lo que ocurrió un día, luego el siguiente día, y luego el siguiente.

Busca en Juan 1:28, 29, 35, 43 la única referencia a un lugar y los usos de las referencias de tiempo.

3. Ahora mira las frases de tiempo que marcaste en Juan 1 y 2. ¿Notas la secuencia de tiempo (la cronología) de los eventos y cómo se relacionan unos con otros?

4. En el Apéndice, en la página 202, hay un mapa mostrando los diferentes lugares que recorrió Jesús. Mira el mapa para que tengas una idea de dónde sucedieron esas cosas. Esto te pondrá en el contexto geográfico.

El **contexto** nos dice dónde encaja algo en relación a otras cosas.

1. El contexto puede ser geográfico—el lugar donde ocurre algo en relación a otros lugares.
2. El contexto puede ser histórico—el tiempo en la historia donde algo tiene relación con otros eventos.
3. El contexto puede ser cronológico—dónde encaja algo en la secuencia de tiempo, en relación con otros eventos.
4. El contexto puede ser cultural—cómo se relaciona algo con las costumbres de la gente de diferentes países y épocas.

El contexto es una de las cosas más importantes que debes mantener en mente al estudiar e interpretar la Biblia. La palabra *contexto* significa "lo que va con el texto". De modo que si vas a entender qué significa algo en la Biblia, siempre debes interpretarlo en relación a lo que se ha dicho o escrito en las palabras que lo rodean, en los versículos, capítulos y en todo ese libro.

¡Estás aprendiendo mucho y nos sentimos muy orgullosos de ti! Estás viendo que Jesús es una persona real que vivió en un tiempo específico de la historia, y aprendiendo acerca de la tierra y los lugares donde ocurrieron la mayor parte de los eventos de la Biblia. Mientras estudias otros eventos de la Biblia, piensa en cómo llegaron las buenas nuevas de Jesucristo a tu país.

Segundo Día

1. Lee nuevamente Juan 2.
Esta vez marca cada referencia a las palabras *señal* o *señales*. Escoge un color para esas palabras, y de ahora en adelante, donde quiera que las veas en Juan coloréalas de la misma manera. O si prefieres, usa una figura especial como ésta: ⬭ (Pon *señal* o *señales* en tu separador, para que recuerdes marcarlas cada vez que aparezcan en Juan).

También marca la palabra *creyeron*. Es muy importante que marques cada referencia a esta palabra porque el evangelio de Juan fue escrito para que podamos creer que Jesús es el Cristo, el Hijo de Dios, y que *creyendo* tengamos vida en Su nombre. Debido al propósito de Juan, *señal (señales)* y *creer* son palabras clave en este libro. Busca toda referencia a estas palabras en cualquiera de sus formas. Busca y marca creer, *creyeron, cree, creyendo* mientras trabajas con el resto de este evangelio (escríbelas también en tu separador).

2. Lee nuevamente Juan 2, esta vez revisando un solo evento a la vez. Mientras lo haces notarás que los eventos cambian conforme Jesús se traslada de un lugar a otro. En el margen izquierdo de tu Registro de Observaciones, junto a cada evento, escribe tan brevemente como sea posible, qué sucede cuando Jesús está en ese lugar en particular. Por ejemplo, al lado de Juan 2:1-11, escribirás "Las Bodas en Caná".

3. Vuelve ahora a Juan 20:30-31 en tu Registro de Observaciones. Lee estos versículos y marca la palabra *señales* de la misma forma como lo hiciste en Juan 2.

4. Mira el versículo 31 y marca la palabra *éstas* de igual manera, porque es un pronombre usado para referirse a las *señales*.

Examina estos versículos y lo que dicen acerca de las señales. Realiza esto haciendo las seis preguntas básicas: ¿QUIÉN? ¿QUÉ? ¿CÓMO? ¿CUÁNDO? ¿DÓNDE? ¿POR QUÉ? Y aunque no siempre encontrarás las respuestas a todas las preguntas, este proceso te ayudará a aprender mucho y a entender mejor lo que Dios te está enseñando.

Para que puedas comenzar, déjanos ayudarte con Juan 20:30-31. Nosotros haremos las preguntas y tú escribirás las respuestas.

a. ¿QUIÉN hace las señales?

b. ¿DÓNDE se hicieron — o QUIÉN las vio?

c. ¿DÓNDE se escribieron estas señales?

d. ¿CUÁNTAS de las señales se escribieron?

e. ¿POR QUÉ se escribieron estas señales?

5. Ahora, regresa a Juan 2 y responde las siguientes preguntas. Cuando escribas las respuestas, anota el número de los versículos de Juan 2 donde encontraste las respuestas.

a. ¿CUÁL fue la primera señal que Jesús hizo?

b. ¿DÓNDE la hizo?

c. ¿QUIÉN la vio, y QUÉ sucedió como resultado?

6. En el margen de Juan 2, junto a los versículos que mencionan la primera señal que hizo Jesús, escribe: "Primera Señal de Jesús" y anota qué fue esa señal. Luego mira los otros lugares donde marcaste las palabras señal y señales, y escribe qué señal era o sería.

7. Haz una lista de todo lo que aprendes de este capítulo marcando *señal* y *señales*. ¿QUIÉN hizo la señal? ¿CUÁL fue la señal? ¿QUÉ muestra la señal? ¿QUÉ pasó como resultado? (escribe tus respuestas abajo).

Tercer Día

1. Como verás, Juan 3 es un capítulo muy importante. Por lo tanto, léelo cuidadosamente y pídele a Dios que te ayude a entender lo que Él te está diciendo. ¡La oración es muy importante al estudiar la Palabra de Dios! Dios desea que entiendas Su Libro, y promete que si continúas preguntando y buscando entonces Él responderá.

Cuando te decimos que le hables a Dios—que ores—puede que tu pienses, "pero ni siquiera estoy seguro que Él exista; y si existe, no estoy seguro que Él me escuche". Si esto es lo que estás pensando, entonces permítenos decirte: ¡Habla con Él y mira lo que pasa! Si realmente eres sincero, de seguro quedarás muy sorprendido.

2. Lee todo el tercer capítulo de Juan para que te familiarices con su contenido. Mientras lo haces, presta atención a un versículo que te diga cuándo Jesús se mueve de un lugar a otro. Al hallarlo, márcalo de igual manera como lo hiciste en Juan 1 y 2 cuando Jesús se fue de un lugar a otro. Notarás que Juan 3 cubre dos diferentes eventos, que suceden en dos lugares diferentes.

3. Ahora lee Juan 3:1-21 y marca cada vez que aparezcan las referencias a las dos palabras clave que marcaste el segundo día de estudio en esta semana: *creer* y *señal*. Recuerda marcar toda forma de esas palabras (pista: En el capítulo 3 solo se usa *señales*, pero también encontrarás *creen, creerán, cree,* y *creído*). Márcalas de la misma forma como lo hiciste anteriormente.

4. Al leer Juan 3:1-21, ¿viste alguna otra palabra importante repetida en esos versículos—palabras que te ayudaron a entender lo que estaba sucediendo? Escríbelas a continuación.

5. Por cierto, ¿dónde crees que estaba Jesús cuando ocurría Juan 3? Lee Juan 2:23 y escribe la respuesta completa.

6. ¿A dónde fue Jesús después de eso? Considera lo que marcaste en Juan 3 y escribe tu respuesta.

Cuarto Día

1. Hoy nos vamos a concentrar nuevamente en Juan 3:1-21. Léelo todo y marca las siguientes palabras clave: *nacer, nacer de nuevo* y *vida eterna*. Ya que todas ellas son sinónimas, márcalas con el mismo color o símbolo. Después que termines, verás fácilmente dónde se usa cada una de ellas en Juan 3:1-21 (agrega vida eterna a tu separador. Y cuando veas en Juan las palabra *vivir* y *vida*, márcalas del mismo modo como marcaste *vida eterna*, porque se usan como sinónimos de ella).

A propósito, ¿hiciste una lista de estas palabras, cuando ayer te preguntamos si veías alguna otra palabra importante en esta sección de Juan 3? De seguro viste también otras palabras, y eso es bueno—pero si viste alguna de las que te hemos indicado, entonces estás aprendiendo a detectar palabras realmente importantes en un pasaje.

2. Revisemos ahora Juan 3:1-21 y estudiemos este pasaje usando las seis preguntas básicas para ver qué podemos aprender. Escribe las respuestas y los versículos donde las encontraste (no es necesario que tus respuestas sean muy extensas).

    a. ¿De QUÉ trata Juan 3:1-21?

    b. ¿QUIÉN es Nicodemo? Haz una lista de todo lo que aprendes acerca de él en este pasaje de la Escritura.

    c. ¿POR QUÉ vino a Jesús?

    d. ¿QUÉ le dijo Jesús a Nicodemo que debía hacer para ver el reino de Dios?

3. ¿Marcaste todas las palabras *nacer, nacer de nuevo* o *vida eterna* que se usan en Juan 3:1-21? En la siguiente página, haz una lista de todo lo que estos versículos te enseñan acerca de nacer de nuevo. Te dejaremos suficiente espacio para escribir, pero no pienses que debes usarlo todo (algunas personas escriben más extenso que otras).

4. Ayer marcaste también la palabra *creer* y todas sus variantes.

   a. Lee Juan 3:36 y marca la palabra *cree* en ese versículo.

   b. Revisa cada lugar donde marcaste las referencias a *creer* en Juan 3:1-21; mira el versículo 36 donde marcaste *cree*, y haz una lista de lo que estos versículos dicen acerca de creer.

5. Ahora bien, ¿qué piensas de las cosas que has visto hoy? ¿Cómo te sientes cuando las estudias? Escribir tus respuestas te será de mucha ayuda.

Quinto Día

1. ¿Recuerdas las preguntas impresas en la portada de este libro de estudio y las preguntas que hicimos al inicio del mismo? ¿Existe Dios? ¿Sabe Él acerca de ti? ¿Se preocupa por ti? ¿Puede ayudarte?

Esas son preguntas verdaderamente importantes que Dios desea responderte. Por eso nos dio Su Libro; Él quería que todos los hombres, mujeres y niños pudieran conocer la verdad, porque cada uno de ustedes, sin importar quiénes sean, son preciosos para Dios Todopoderoso. Por lo tanto, en lugar de ser guiado por lo que otras personas digan o sientan, tú debes saber qué dice la Palabra de Dios.

2. Lee otra vez Juan 3:1-21-36. Marca toda referencia a Dios así: △. A menudo no marcamos todas las referencias a Dios porque sobrecargaría la Biblia. Pero queremos que vean lo que aprenden de Dios en este capítulo. ¡Es grandioso!

El usar una combinación de colores, o un color combinado con un símbolo, para señalar diferentes palabras es de gran utilidad en el estudio de la Biblia (porque los colores son más fáciles de distinguir que los símbolos). Nosotros acostumbramos a colorear un triángulo en amarillo para marcar Dios.

3. Ahora, haz una lista de todo lo que aprendes acerca de Dios en Juan 3:1-21 y en el versículo 36. No escribas tus propios pensamientos, opiniones o sentimientos—los cuales podrían ser correctos o incorrectos. De preferencia, anota únicamente lo que la Biblia dice (la Palabra de Dios nunca se equivoca, y siempre te dice lo que es verdad).

Con mirar cada lugar donde marcaste "Dios", ya sabrás quién es el QUIÉN; y no olvides hacer todas las seis preguntas básicas ¿Quién? ¿Qué? ¿Cómo? ¿Cuándo? ¿Dónde? ¿Por qué? Revisa cuáles de esas preguntas son respondidas por Dios. Escribe a continuación lo que aprendes.

4. Ha llegado el momento de resumir en pocas palabras lo tratado en Juan 2 y 3. ¿Cuál es el tema principal de cada uno de estos capítulos? Recuerda que el tema es el tópico o evento mas importante cubierto en el capítulo. Registra los temas de Juan 2 y 3 en el lugar apropiado del PANORAMA DE JUAN que encuentras en la página 199.

¡Aún hay mucho más por ver en Juan 3, y muchísimo más que nos gustaría enseñarte! Pero debemos ser cuidadosos de no darte demasiado de una sola vez. No deseamos que te sientas abrumado o desalentado por la magnitud de la información.

5. Así que, la última tarea de hoy es pensar en todo lo que has aprendido de la Palabra de Dios en esta semana. ¿Qué te está diciendo Dios? ¿Cómo pueden aplicarse estas verdades a tu vida? Averigüémoslo respondiendo varias preguntas.

Jesús le dijo a Nicodemo que no podía entrar al reino de Dios si no nacía de nuevo. Nicodemo era un hombre religioso—gobernador de los judíos. Sin embargo, su religión no resultaba suficiente para darle vida eterna, para que él entrara al reino de los cielos. Nicodemo necesitaba nacer de nuevo en el Espíritu.

    a. ¿A quién o qué adoras mi amigo?

    b. ¿Eres un cristiano? o ¿tienes una religión sin una relación personal e íntima con Dios el Padre? En lo profundo de tu corazón, ¿tienes la certeza que puedes llamarlo "Padre", con la seguridad de que verdaderamente eres Su hijo, nacido de Él por Su Espíritu? ¿Cómo lo sabes?

    c. Si no eres un cristiano, y adoras a un dios diferente, ¿cómo se compara tu dios con lo visto hasta ahora en tu estudio acerca de Dios el Padre y del Señor Jesucristo? Haz una lista a continuación y luego compara al dios que adoras con esa lista.

Lo que he visto acerca de Dios y Jesucristo en Juan 1-3

6. ¿Qué viste cuando comparaste tu lista con el dios que adoras?

Pues bien, muy amado de Dios, si decides nacer de nuevo, díselo y pídele a Él que te ayude a entender lo que significa hacer esto (y de seguro Él te ayudará al continuar tu estudio).

Estamos orando para que termines lo que empezaste; pues sabemos que el completar este estudio marcará una gran diferencia en tu vida. También sabemos que al aprender a estudiar de esta forma, podrás usar estas valiosas herramientas con cualquier otro estudio que emprendas.

Así que persevera. Nunca te arrepentirás. La Palabra de Dios trae vida, sanidad y sabiduría. ¡Y también te conecta con el poder de Dios! (Por cierto, después de leer Juan 3, ¿has descubierto por qué te llamamos "muy amado"?).

Tercera Semana:
Entendiendo a los Personajes Bíblicos y Su Contexto Cultural

Primer Día

1. Lee Juan 4:1- 42. Mientras lo haces:

a. Anota a DÓNDE va Jesús y DÓNDE ocurrieron los eventos mencionados en estos versículos. Presta atención y marca las frases de tiempo.

b. Marca también los lugares geográficos del mismo modo como hiciste en los capítulos anteriores.

2. Escribe en el margen el nombre de la ciudad donde ocurren los eventos del 4:1-42.

3. Marca las siguientes palabras con un símbolo o color resaltado:

a. *Mujer* (y los pronombres relacionados—como *ella*) No agregues *mujer* a tu separador, ya que es una palabra clave sólo del capítulo 4).

b. Toda referencia a *Adorar*

c. *Vida eterna* (Recuerda marcarla en la misma forma que marcaste *vivir* o *vida*).

d. Toda referencia a *creer*.

Segundo Día

1. Busca Samaria en el mapa que se encuentra en el Apéndice en la página 202. Fíjate de DÓNDE venía Jesús y hacia DÓNDE se dirigía.

2. Cuando estudies la Biblia es importante aprender lo que puedas del texto acerca de las personas, grupos de personas y relaciones ¡De esto se trata la vida! Dios está interesado en las personas y en nuestras relaciones con ellas. Lee Juan 4:9 y anota lo que aprendes sobre la relación de los judíos con los samaritanos.

Se cree que los samaritanos eran un pueblo de raza mixta. Cuando los asirios tomaron el reino del norte de Israel en el año 722 a. C., dejaron allí a los judíos más pobres y menos instruidos, y llevaron a los demás judíos a Asiria; también enviaron a algunas personas de otras tierras sobre las que gobernaban a vivir en la ciudad de Samaria. Algunos de los judíos que no fueron llevados cautivos, se casaron con las personas que vinieron a vivir a su tierra. Sus hijos eran, como algunas personas dicen, "mestizos". Aún sus creencias religiosas eran una mezcla de las diferentes creencias de sus padres. Estas personas fueron llamadas samaritanos y los judíos no las querían porque eran una raza mezclada y una religión mezclada.

3. Ayer marcaste las referencias a *adorar*. Escribe qué aprendiste al marcar sobre la adoración de los samaritanos y de los judíos.

La Adoración de los Samaritanos	*La Adoración de los Judíos*

    a. En Juan 4, ¿QUIÉN compara la adoración de los samaritanos con la adoración de los judíos? Explica cuál es la verdadera adoración ¿Puede confiarse en Su Palabra? ¿Es verdadera? (Lee Juan 14:6 si tienes alguna duda).

    b. Según el versículo 22, ¿de DÓNDE viene la salvación?

    c. Vimos en Juan 1:1-2 que Jesús es Dios y que ha estado con Dios desde el principio. Pero también vemos que Él fue hecho carne, que se hizo hombre (1:14). ¿Bajo qué nacionalidad nació Jesús?

4. Jesús era judío. Los judíos eran "los suyos", pero de acuerdo a Juan 1:11, la mayoría de ellos no le recibieron. Tal vez, mi amigo, puedas identificarte con Jesús. Si es así, Él entiende lo que estás pasando. Tal vez tu familia o amigos te han rechazado, incluso perseguido por tu creencia en Dios y Su Hijo Jesucristo. Si es así, sabes que Jesús entiende por lo que estás pasando.

    a. Lee Juan 4:25 y escribe a QUIÉN estaban buscando los samaritanos.

    b. De acuerdo a Juan 4:26, ¿CÓMO respondió Jesús a esto?

    c. ¿CÓMO respondió la mujer a lo que dijo Jesús? Lee Juan 4:29 y escribe tu respuesta.

d. Haz una lista sobre lo que aprendiste ayer al marcar las referencias a *creer*. Nota QUIÉNES creen, en QUÉ creen, y POR QUÉ creen.

5. Permítenos sólo tres últimas preguntas para hoy.

   a. ¿A quién adoras?

   b. ¿Dónde adoras?

   c. ¿Cómo adoras?

Tercer Día

1. Lee todo Juan 4:1-42. Mientras lo haces, pídele a Dios que hable a tu corazón y te muestre la verdad para poder adorarle en verdad.

Conforme leas, asegúrate de haber marcado toda referencia a la *mujer samaritana*. Asegúrate de marcar de igual forma los pronombres (como *ella*) que se refieren a esta mujer. Además, asegúrate de marcar la palabra *mujer*.

2. Haz una lista de todo lo que aprendiste acerca de esta mujer en los versículos que marcaste.

3. ¿Qué aprendes en este pasaje sobre la actitud de Jesús hacia las mujeres?

   a. Aunque ella era una samaritana, y una mujer inmoral, ¿era importante para Jesús? ¿Cómo lo sabes?

   b. ¿CÓMO trató Jesús a esta mujer?

   c. ¿QUÉ deseaba Él para ella?

   d. ¿Se sorprendieron los discípulos de que Jesús hablara con esta mujer?

   e. ¿Qué podría decirte esto sobre cómo eran tratadas las mujeres en ese tiempo?

   f. ¿Fue voluntad de Dios que Jesús tratara a la mujer samaritana en la forma como lo hizo? ¿Cómo lo sabes a partir del texto?

   g. De acuerdo al texto, ¿CUÁL fue el alimento de Jesús?

4. ¿Cuál es la actitud hacia las mujeres en tu religión, en tu país o en tu sociedad? ¿Qué piensan las personas que conoces, sobre el nacimiento de niñas y de las mujeres en general? ¿Cómo son tratadas? ¿Matarían a una mujer por ser inmoral y dejarían al hombre libre? ¿Qué piensas sobre las mujeres y por qué? Escríbelo y compáralo con lo que viste en Jesús.

5. Lee Juan 4:43-54.

   a. Presta atención a dónde se dirigió después Jesús y márcalo de la misma manera como has venido marcando los lugares geográficos.

   b. Marca las palabras *señal* (*señales*) y *creer* (*creyeron*).

   c. A continuación haz una lista de quién cree y por qué.

Cuarto Día

1. Lee todo Juan 5 y marca las siguientes palabras clave: *Padre, vivir* (*vida*), *testimonio* y toda referencia a *creer*. Si anteriormente ya habías visto alguna de estas palabras, márcalas de igual manera como lo hiciste en los otros capítulos y en tu separador.

Como mencionamos antes, nosotros marcamos toda referencia a Dios el Padre con un triángulo y lo coloreamos de amarillo (Nota: Ten cuidado al marcar los pronombres que se refieran al Padre, porque ¡fácilmente podrías confundirte y marcar los que se refieren al Hijo! Sólo piensa cuidadosamente antes de marcar, ¡y todo saldrá bien!). Recuerda que marcamos *vida* con color azul, ya que la vida viene del creer, y luego le hacemos un cuadro con verde para distinguir *creer* de *vida*.

2. Revisa otra vez el capítulo 5 y mira si necesitas marcar frases de tiempo o lugares geográficos. Cuando marques algún lugar, revisa el mapa en el Apéndice para encontrar su ubicación.

Quinto Día

1. Lee Juan 5:5-47 y marca toda referencia a Jesús, incluyendo los pronombres y sinónimos, como *Hijo*. Nosotros marcamos las referencias a Jesús de esta manera:╱_____, y las coloreamos de amarillo. Recuerda que un sinónimo es otra palabra que significa la misma cosa o que se refiere a la misma persona, lugar o cosa. En estos versículos verás un sinónimo que se usa para referirse a Jesús. Este sinónimo es *Señor*. ¡Asegúrate de no pasarlo por alto! Y aunque hemos marcado "Jesús" en este capítulo, no siempre marcamos todas las referencias a Él en otros capítulos, porque demasiadas marcas podrían confundirte. Sin embargo, marcamos todas Sus referencias en este capítulo para que puedas ver la relación existente entre el Hijo y el Padre.

2. Ahora haz una lista de lo que aprendes acerca de Dios el Padre y de Dios el Hijo.

Dios el Padre   *Dios el Hijo*

3. Dedica algunos minutos para pensar acerca de la relación entre el Padre y el Hijo. Recuerda que en Juan 1:18 vimos que Jesús vino a explicar quién era el Padre.

   a. De acuerdo a Juan 5, ¿QUÉ hace Jesús para explicarnos quién es el Padre?

   b. ¿Cómo viviríamos si quisiéramos explicar quién es Dios el Padre y Dios el Hijo?

4. A continuación, haz una lista de lo que aprendes al marcar las palabras *vida* y *vivir* en este capítulo.

5. Vuelve a pensar en el propósito que Juan tuvo al escribir este evangelio (Juan 20:30-31) y cómo ayuda a lograr ese propósito lo escrito por él en este capítulo. Escríbelo a continuación.

6. De lo visto en Juan 4 y 5, ¿crees que Jesús sabe que existen las personas? ¿Crees que se preocupa por ellas? Explica por qué contestas en la forma que lo haces. ¿Que aprendiste esta semana acerca de las personas y las relaciones?

7. ¿Crees que Dios se preocupa por ti sin importar quién eres, ya seas hombre o mujer? ¿Y qué de tu raza, nacionalidad, estatus social, religión? Y si creyeras lo que has estudiado en el evangelio de Juan, ¿cómo sabrías esto?

8. Finalmente, registra los temas principales de Juan 4 y 5 en el cuadro del PANORAMA DE JUAN en la página 199.

Cuarta Semana:
Coman Mi Carne, Beban de Mi Sangre
¿Es Esto Literal o Figurado?

Primer Día

1. Lee Juan 6 (página 152).

2. Marca toda referencia a *pan*, junto con sus sinónimos (*panes, comida, maná, pan del cielo*) y sus pronombres. Márcalos de la misma forma porque se usan básicamente para señalar la misma cosa—el pan de vida. Puedes marcarlas de esta manera ⟨/ / /⟩ y luego colorearlas de café (no agregues *pan* a tu separador, ya que es una palabra clave solo en este capítulo).

3. Asimismo, marca toda referencia a los lugares geográficos como has venido haciendo desde que observaste Juan 1. Consulta el mapa en el Apéndice, en la página 202, para que sepas dónde estaban sucediendo estas cosas.

4. Juan 6 también menciona "la Pascua, la fiesta de los judíos". Al leer Juan, encontrarás muchas referencias a diversas fiestas a las que asistió Jesús. Para un mejor entendimiento sobre la importancia y significado de estas fiestas, consulta el cuadro LAS FIESTAS DE ISRAEL en el Apéndice en las páginas 200 y 201. Si deseas puedes estudiarlas después de hacer tu tarea para esta semana.

Marca además, de una forma especial, todas las referencias a las fiestas (recuerda que estás marcando la Pascua como un indicador de tiempo). Acostumbramos escribir los nombres de las fiestas en el amplio margen de nuestra Biblia, para que rápidamente podamos ver cada vez que un capítulo menciona una fiesta (el cuadro te dirá cuando ocurre cada fiesta).

Segundo Día

1. Lee otra vez Juan 6. Al estudiar la Biblia, es bueno leer varias veces los mismos capítulos. De hecho, es muy bueno leer todo el libro que estás estudiando, una y otra vez para que tengas una mejor idea de él. Leer todo el libro te ayuda a mantenerlo en contexto; recuerda que el contexto es lo que va con el texto; y cuando éste nos brinda un correcto entendimiento de qué significan los versículos, entonces el contexto rige. Dios nunca se contradice a Sí mismo, así que la Escritura nunca contradice a la Escritura.

Ayer, cuando leíste Juan 6, marcaste la palabra *pan* y sus sinónimos. *Pan* es una palabra clave solamente en este capítulo en particular. Como ya lo explicamos anteriormente, a veces las palabras clave se usan en todo un libro y te ayudan a ver el tema principal de éste. Otras veces, solamente se usan en ciertos capítulos o secciones del libro.

Hoy deberás marcar las siguientes palabras clave:

a. *vida* (*vida eterna*). Marca también *vivir* de igual forma como si se refiriera a la vida eterna.

b. Toda referencia a *Creer*.

c. *Mi carne, Su carne.* Márcalas del mismo modo como marcaste *pan*. Busca Juan 6:51 para que puedas ver por qué lo debes marcar de esta manera.

d. *Señal* (*señales*).

2. Haz una lista de lo que aprendes marcando la palabra *señal* (*señales*). Si tienes tiempo, escribe tu lista en el Registro de Observaciones.

Tercer Día

1. Lee nuevamente Juan 6:1-40. Esta vez fíjate CÓMO usa Jesús la señal de los panes y los peces para enseñar a las multitudes. ¿QUÉ quería Él que vieran ellos? Escríbelo a continuación.

2. Enumera todo lo que aprendes acerca del verdadero pan que desciende del cielo.

3. A continuación, haz una lista de todo lo que aprendes al marcar *vida* y sus sinónimos en Juan capítulo 6.

Cuarto Día

1. Lee Juan 6:39-59. Marca toda referencia a *resucite* o *lo resucitaré en el día final*. Luego, detalla lo que aprendes sobre quién va a ser resucitado en el día final.

2. En Juan 6:51-58, cuando Jesús habla acerca de "el que come Mi carne y bebe Mi sangre", ¿piensas que Él estaba hablando figurada o literalmente? ¿Por qué? ¿Qué piensas que Él quiere decir? ¿Cuál es el punto que quiere señalar? Piénsalo en base a todo el contexto de este capítulo.

3. Cuando Jesús habla de ser levantado en el día final, ¿hay alguna implicación sobre la reencarnación en Su enseñanza? ¿Estaba hablando de regresar en otra forma; digamos—como un animal—o en un nivel diferente de realización?

Piensa en la lista que hiciste en el número 1, luego busca Juan 5:24-29. Ahora escribe tu respuesta de acuerdo a lo que has visto en el evangelio de Juan (cuando termines el estudio del evangelio de Juan, tendrás una mejor idea de lo que le pasa a aquel quien ha nacido de nuevo, cuando él o ella mueren).

Quinto Día

1. Lee Juan 6:60-71. Marca cualquier referencia a *Espíritu*. Nosotros generalmente lo marcamos así: Espíritu (luego lo coloreamos de amarillo).

2. ¿CÓMO respondieron los discípulos a lo que Jesús estaba diciendo en este capítulo? ¿POR QUÉ?

3. ¿CÓMO respondieron los doce?

4. ¿Cómo te sientes en relación a lo que Jesús está diciendo sobre la vida eterna en este capítulo? Si Él está hablando la verdad (y lo está), ¿qué te dice esto acerca de *tu* futuro? ¿Por qué?

5. Lee Juan 6:64-71 y anota o marca toda referencia a *Judas*. Judas fue elegido por Jesús para ser uno de los doce discípulos que iría a todas partes con Él. ¿QUÉ aprendes de estos versículos acerca de Judas? Haz una lista de tus observaciones.

6. Si Judas pudo traicionar a Jesús, entonces ¿podrían también otros que profesan ser Sus discípulos hacer lo mismo? O dicho de otra forma, ¿crees que todos los que *dicen* ser cristianos, realmente lo son sólo porque así lo *dicen*? ¿Cómo lo sabrías?

7. Según lo que has visto, ¿es posible tener vida eterna fuera de Jesucristo?

8. No olvides escribir el tema de Juan 6 en el cuadro del PANORAMA DE JUAN.

Muy bien, has completado cuatro semanas de estudio y estamos muy orgullosos de ti. Nos preguntamos si te das cuenta de todo lo que está sucediendo como resultado de tu estudio. No sólo estás aprendiendo cómo estudiar, ni sólo desarrollando y fortaleciendo tus destrezas de lectura y entendimiento, sino que también estás relacionándote con la Verdad, ¡con nuestro Dios! ¡Qué gran privilegio es ver y estudiar la verdad por ti mismo! ¡Estas son realmente palabras de vida! ¡Vive por ellas!

Quinta Semana:
Contrastes y Comparaciones Comprendiendo Su Significado

Primer Día

Lee toda la tarea de este día antes de comenzar.

1. Lee Juan 7. Mientras lo haces, nota cuidadosamente QUÉ está sucediendo, DÓNDE y CUÁNDO. No olvides buscar y marcar los lugares y referencias a tiempo mientras lees (recuerda marcar las referencias a las fiestas judías, porque te ayudan a ubicarte en el tiempo).
Ahora, escribe tus observaciones a continuación.

    a. ¿QUÉ está sucediendo en Juan 7?

    b. ¿DÓNDE está sucediendo?

    c. ¿CUÁNDO está sucediendo?

2. Al leer nuevamente Juan 7, marca las siguientes palabras clave y sus sinónimos: *fiesta*, toda referencia a *creer* y *señales*.

3. Marca también la palabra clave: *El Cristo* (este sinónimo de Jesús debes marcarlo de una manera especial). En este punto queremos pedirte que hagas una pequeña excepción y no marques otros sinónimos, porque lo que deseamos que veas en este capítulo es el uso del término "el Cristo". A propósito, *Cristo* es otro sinónimo de *Mesías*, ¿recuerdas Juan 1:41? y se refiere a Aquel que Dios prometió enviar para libertar a los judíos y reinar como su Rey.

Segundo Día

1. Hoy queremos que leas, párrafo por párrafo, Juan 7. Para saber dónde comienza un párrafo debes buscar el número del versículo que es más oscuro que los números de los otros versículos. Recuerda que un párrafo es la agrupación de varias oraciones que tienen algo en común, tal como un determinado pensamiento o evento.

Cuando termines cada párrafo, resume en una o dos oraciones lo ocurrido en él. Fíjate en el tiempo señalado en cada párrafo (por cierto, la fiesta a la que asiste Jesús en Juan 7 se llama Fiesta de los Tabernáculos).

Aquí están las divisiones de los párrafos. Escribe tu resumen del evento o enseñanza junto a ellos:

    a. Juan 7:1-9

    b. Juan 7:10-13

    c. Juan 7:14-24

    d. Juan 7:25-36

    e. Juan 7:37-44 (Marca también la palabra *Espíritu* y haz una lista de lo que aprendes acerca del Espíritu en este pasaje).

f. Juan 7:45-53

2. Ahora haz una lista de todo lo que aprendiste ayer al marcar *el Cristo*.

3. ¿QUIÉNES eran los enemigos de Jesús? ¿QUIÉNES lo odiaban y querían arrestarlo y matarlo? ¿Qué aprendes de esto? ¿Amarán todos a Jesús—o a quienes Le pertenecen? ¿Qué le harán las personas a ellos?

4. ¿Sigues sediento? ¿Aún no has encontrado lo que satisfaga tu profundo vacío y anhelo interior? ¿Tu religión realmente te ha satisfecho? ¿Has considerado alguna vez venir a los pies de Jesús—aunque eso te signifique persecución o muerte?

5. ¿Qué te promete Juan 6:37, 39, 44 y 54?

Piensa en todo esto, y habla con Dios al respecto. Seguramente ya has visto que la Biblia es la verdadera Palabra de Dios, que Él sabe acerca de ti y se interesa por ti. Si esto no fuera cierto, Dios no hubiera dado a Su Hijo unigénito para que todo aquel que en Él cree no se pierda, mas tenga vida eterna (Juan 3:16).

Tercer Día

1. Lee Juan 8 y marca cada referencia a la palabra *pecado* (asegúrate también de agregarla a tu separador).

2. Ahora haz una lista de todo lo que aprendes acerca del *pecado* en Juan 8. Una vez que la completes, cópiala en el margen del Registro de Observaciones.

3. Lee otra vez todo el capítulo y busca los indicadores de tiempo y de lugar. Márcalos de la misma forma como lo hiciste en Juan 1-7.

Cuarto Día

1. Lee Juan 8:1-11

   a. Usando varias oraciones, haz un resumen sobre lo que trata este párrafo.

   b. Levítico 20:10-16 presenta las leyes referentes a los pecados sexuales. El texto está impreso a continuación, léelo cuidadosamente y nota los diferentes tipos de inmoralidad (de mala conducta sexual) a los que se refiere, así como también el castigo para cada uno de ellos.

Si un hombre comete adulterio con la mujer de otro hombre, (que cometa adulterio con la mujer de su prójimo), el adúltero y la adúltera ciertamente han de morir. 'Si alguien se acuesta con la mujer de su padre, ha descubierto la desnudez de su padre; ciertamente han de morir los dos; su culpa de sangre sea sobre ellos. 'Si alguien se acuesta con su nuera, ciertamente han de morir los dos, han cometido grave perversión; su culpa de sangre sea sobre ellos. 'Si alguien se acuesta con varón como los que se acuestan con mujer, los dos han cometido abominación; ciertamente han de morir. Su culpa de sangre sea sobre ellos. 'Si alguien toma a una mujer y a la madre de ella, es una inmoralidad; él y ellas serán quemados para que no haya inmoralidad entre ustedes. 'Si alguien tiene trato sexual con un animal, ciertamente se le dará muerte; también matarán al animal. 'Si alguna mujer se llega a un animal para tener trato sexual con él, matarás a la mujer y al animal; ciertamente han de morir. Su culpa de sangre sea sobre ellos. (Levítico 20:10-16).

De acuerdo con lo que ves en Levítico 20:10-16, ¿para qué crees que los hombres trajeron a Jesús a esta mujer que estaba cometiendo adulterio?

    c. ¿Cuántos se necesitan para cometer adulterio? (Adulterio es tener una relación sexual con una persona con la que no estás casado. Sin importar lo que diga tu cultura, es un pecado a los ojos de Dios). ¿Dónde estaba el hombre? ¿Qué te muestra esto respecto a los corazones y las intenciones de aquellos hombres?

d. ¿CÓMO trató Jesús a esos hombres? ¿QUÉ quería Él que vieran?

e. ¿CÓMO respondió Jesús a la mujer? ¿Aprobó sus acciones? ¿Pensaba Él que ella no había pecado?

f. ¿Estás viviendo una vida sexual pura, o eres culpable por quebrantar la ley de Dios registrada en Levítico 20? A la luz de lo que has aprendido acerca del pecado, al marcar esa palabra en Juan 8, ¿qué le diría Jesús a cualquiera que esté viviendo inmoralmente, que está quebrantando Su ley?

2. Lee Juan 8:12-32 y señala en estos versículos las palabras clave que has estado marcando en todo el evangelio de Juan. Marca también las palabras *verdadero* y *verdad*. Luego, haz una lista de todo lo que es verdadero o verdad. Escribe también esta lista en el margen de tu Registro de Observaciones (agrega *verdad* y *verdadero* en tu separador).

3. Al observar el texto, no solo es importante marcar las palabras clave, los lugares geográficos y las referencias a tiempo; sino también fijarse en los **contrastes** y las **comparaciones**. Con frecuencia, ambos ayudan a ver de una manera más profunda, descriptiva o pintoresca, lo que el autor quería dar a entender a sus lectores. Por lo tanto, cuando estudies la Biblia, busca los contrastes y las comparaciones.

a. Una **comparación** muestra cuán similares o parecidas son dos cosas entre sí. Muchas veces, cuando el autor quiere comparar algo usará las palabras: *como, así como, como si fuese.* Mira Juan 8:12, ¿a QUÉ se compara Jesús en este pasaje?

b. Un **contraste** es una comparación de cosas diferentes u opuestas, tales como los hijos de la noche y los hijos del día, o el orgullo y la humildad. Mira otra vez Juan 8:12. ¿QUÉ se contrasta en este versículo, con respecto a quienes siguen a Jesús? Escríbelo a continuación.

4. Ahora lee Juan 8:21-23. ¿A QUIÉNES les está hablando Jesús? ¿QUÉ contrasta en estos versículos? Escribe los contrastes a continuación.

Quinto Día

1. De acuerdo a Juan 8:24, ¿POR QUÉ los judíos morirían en sus pecados? ¿En QUIÉN tenían que creer?

2. Cuando Jesús les dijo a los judíos "porque si no creen que Yo soy", los judíos le preguntaron quién era Él. Y ellos preguntaron eso porque Jesús había declarado ser Dios, usando el mismo nombre que Dios le dio a Moisés para describirse a Sí mismo ("YO SOY"). Permítenos mostrarte

Éxodo 3:13-15, para que puedas verlo por ti mismo. Al leer, fíjate que "YO SOY" es el nombre memorable de Dios para todas las generaciones.

> "Entonces Moisés dijo a Dios: "Si voy a los Israelitas, y les digo: 'El Dios de sus padres me ha enviado a ustedes,' tal vez me digan: '¿Cuál es Su nombre?' ¿qué les responderé?" Y dijo Dios a Moisés: "YO SOY EL QUE SOY," y añadió: "Así dirás a los Israelitas: 'YO SOY me ha enviado a ustedes.'"
> Dijo además Dios a Moisés: "Así dirás a los Israelitas: 'El Señor, el Dios de sus padres, el Dios de Abraham, el Dios de Isaac y el Dios de Jacob, me ha enviado a ustedes.' Este es Mi nombre para siempre, y con él se hará memoria de Mí de generación en generación."

3. Cuando hablamos de la *deidad* de Jesucristo, nos estamos refiriendo a que Él es Dios; uno con el Padre, igual a Él en carácter y atributos.

    a. Mira Juan 1:1-2, 14. ¿Cómo muestran estos versículos la deidad de Jesucristo?

    b. El evangelio de Juan resalta el hecho que Jesucristo es Dios—no *un* dios, sino Dios en carne. Así que mientras estudies Juan, fíjate si hay otros versículos que demuestren que Jesús es uno con el Padre o que Jesucristo es Dios.

    c. Hay otros dos lugares en Juan 8 donde Jesús se refiere a Sí mismo como YO SOY. Búscalos y escribe lo que aprendes.

        1) Juan 8:28

2) Juan 8:58-59

Los judíos podían apedrear a alguien por blasfemar. Si ellos no creían que Jesús era Dios, cuando Él reclamaba serlo, esto sería considerado una blasfemia. Esta verdad está registrada en Juan 10:33, la cual consideraremos más adelante.

4. Según Juan 8:31-32, ¿QUÉ hacen los verdaderos discípulos de Jesús? ¿QUÉ hace la verdad? ¿Dónde crees que se encuentra?

5. ¿Qué se contrasta en Juan 8:32-36?

6. En Juan 8:37-47 se contrastan dos padres. A continuación, haz una lista de lo que aprendes acerca de estos padres y acerca de quiénes les pertenecen.

Dios el Padre   *El diablo*

7. Según lo que acabas de observar en la Palabra de Dios, ¿quién dirías que es tu padre y por qué?

8. Aunque Jesucristo es Dios, ¿qué clase de relación tuvo con el Padre? Lee Juan 8:26-59, y haz una lista de todo lo que observes en estos versículos en cuanto a la relación de Jesús con el Padre.

En otras palabras, lo que es Dios, también lo es Jesús. Lo que Dios puede hacer, también puede hacerlo Jesús. Esto es verdad porque ambos tienen la misma naturaleza—¡la naturaleza de Dios! Y aunque Jesús también tomó la naturaleza del hombre, Él nunca dejó de ser Dios. Así que Él es único—Él es Dios-hombre.

Piensa ahora en lo que has escrito, sobre Jesús demostrando la forma en que debes vivir en relación con Dios el Padre.

9. Permítenos dejarte algunas preguntas vitales.

    a. ¿Crees que Jesucristo es Dios? Si tu respuesta es no, ¿qué pasará contigo de acuerdo a la Palabra de Dios (Juan 8:24)?

    b. ¿Y qué de alguien que te diga que Jesucristo no es Dios, o que sólo es *un* dios como tú o como cualquier otro puede serlo? ¿Qué pasará con esas personas? ¿Qué les sucederá de acuerdo a Juan 8:24? ¿Qué les sucederá aún cuando sean buenas o sinceras, si creen que Jesús fue sólo un buen hombre o un profeta?

    c. ¿Las palabras de Jesús son verdaderas? ¿Qué dijo Él al respecto? ¿Le creerás a Jesús o a los hombres?

d. Si un hombre no le cree a Jesucristo y no es nacido de nuevo, entonces, ¿quién es su padre? ¿Y cómo es su padre? Mira Juan 8:44.

10. Escribe los temas de Juan 7 y 8 en el cuadro del PANORAMA DE JUAN en la página 199.

Fíjate en todo cuanto has aprendido estudiando la Palabra de Dios por ti mismo. De acuerdo a Juan 6:63, las palabras que Jesús nos ha hablado "son espíritu y son vida". Entonces, no dejes de estudiarlas. Si te comprometiste a realizar este estudio durante siete semanas, en tan solo dos semanas más habrás cumplido tu compromiso. ¡Persevera! Te animamos a continuar. Restan otras siete lecciones después de la próxima semana; y si las completas, tendrás una mejor comprensión de todo el evangelio de Juan. Realmente, lo mejor está aún por venir. En los capítulos 13-17, aprenderás todo sobre la vida abundante que pertenece a aquellos quienes han creído que Jesús es el Cristo, el Hijo de Dios, y que creyendo tienen vida en Su nombre.

Permítenos animarte a que no dejes de estudiar; porque sabemos que todavía hay otras verdades alentadoras y transformadoras que deberás aprender. Sabemos cómo estas verdades han bendecido a multitudes, y no queremos que te pierdas esa bendición.

Sexta Semana:
¿Qué Esta Aconteciendo?
¿Qué Lección se Aprende?

Lee Juan 9, mientras lo haces, busca palabras clave repetidas y márcalas. También busca y marca los indicadores de tiempo y lugares.

1. Haz una lista de las palabras clave a continuación.

2. Ahora responde algunas de las 6 preguntas básicas:

a. De QUÉ trata el capítulo?

b. ¿QUIÉNES son los personajes principales en este capítulo? Enuméralos.

c. ¿DÓNDE ocurre? (si no puedes encontrar la respuesta en el capítulo 9, entonces vuelve al final del capítulo 8).

d. ¿CUÁNDO sucede todo esto? ¿Qué día de la semana?

Segundo Día

1. Lee Juan 9 otra vez. Si no marcaste las siguientes palabras clave, márcalas de tal forma que puedas detectar dónde se usan en este capítulo: *señales, pecado (pecados, pecó, pecador), ciego, creer, ver (ve, viendo, visto, vista).*
Nosotros marcamos toda referencia de la palabra *ver* y sus sinónimos con dos ojos: ◉ ◉ Luego los coloreamos con color amarillo para indicar que ahora sí podían ver. Marcamos la palabra *ciego* de la misma forma, pero usamos el color café para señalar que no podían ver. Te contamos esto para que tengas otras ideas de cómo marcar las palabras. ¡A veces nos ayuda el ver lo que otros hacen!

2. A continuación haz una lista de lo que aprendes sobre los personajes principales en Juan 9.

Jesús   El hombre ciego   Sus padres   Los judíos

3. Ahora, mira las palabras clave que marcaste. Si tienes tiempo, toma una hoja de papel y haz una lista de todo lo que aprendes al marcar cada una de esas palabras. Mientras miras las referencias de cada palabra, haz las 6 preguntas básicas (tal vez solo encuentres la respuesta a una de estas preguntas).

Cuando dedicas tiempo para hacer listas, generalmente notas nuevas observaciones del texto, que habías pasado por alto cuando simplemente lo leíste. Además, esto también te da tiempo para meditar en lo que dice la Palabra de Dios, y en cómo se aplica a tu vida.

Escribe tus listas en el Registro de Observaciones.

Tercer Día

Juan 10 es un capítulo maravilloso, y sabemos que será una gran bendición para tu vida.

1. Lee el capítulo y marca cada referencia a *oveja*. Asegúrate de marcar todos los pronombres como *las* o *ellas* que se refieran a las ovejas. Marca también la palabra *rebaño*.

2. Busca la palabra *ciego* y márcala como lo hiciste en el capítulo 9.

Cuarto Día

1. Lee Juan 10 otra vez. Busca indicadores de tiempo y lugares, y márcalos. También marca las siguientes palabras clave y sus pronombres: *Pastor* (los pronombres serían *Mi, Mis, Yo, Me, Él, Su*), *los judíos*, toda referencia a *creer, señal, la puerta, el ladrón,* y *el Cristo*.

Aunque ambos sinónimos se refieren a Jesús, no marques *el Cristo* de la misma manera como marcaste *Pastor*. Ten presente que *el Cristo* se refiere al Mesías cuya venida fue prometida en el Antiguo Testamento—el Único que salvaría y libertaría a los judíos. Recuerda también que Juan escribe esto porque quería que otros supieran y creyeran que Jesús era el Cristo. Por lo tanto, queremos que marques *el Cristo* de una manera especial, para que puedas ver rápidamente su uso. Márcalo como lo hiciste anteriormente en el capítulo 7.

2. Ahora que has marcado las palabras clave, haz una lista de todo lo que aprendes acerca del Pastor y las ovejas.

El Pastor   *Las ovejas*

3. Ya que también marcaste toda referencia al ladrón, veamos qué podemos aprender de él.

   a. ¿Con QUIÉN se contrasta al ladrón? Haz una lista de las diferencias entre ellos.

b. Si Jesús es el Pastor, ¿a quién crees que representa el ladrón? Si no sabes la respuesta, vuelve a leer Juan 8:44 y encuentra las similitudes que hay entre el que se menciona en Juan 8:44 y el ladrón. Escribe tu respuesta completa.

Quinto Día

1. Cuando lees un capítulo que contiene una enseñanza en particular, tal como lo hace Juan 10 respecto a las ovejas y el Pastor, *siempre es bueno encontrar qué condujo o dio lugar a esa enseñanza*. Entonces, piensa en lo que acababa de ocurrir en Juan 9 y en cómo se relaciona con la enseñanza del capítulo 10. Recuerda también lo que viste cuando marcaste la palabra *ciego* en el capítulo 10, ya que Jesús y los que lo rodeaban aún estaban discutiendo lo que había sucedido en Juan 9. ¿Cual era la ocasión? Jesús es un maestro de maestros y como tal, usa las situaciones como ocasiones para enseñarnos lecciones valiosas para nuestras vidas.

a. ¿Esperaban los fariseos (judíos) ir al cielo?

b. ¿Estaban dispuestos a pasar por "la puerta" (Jesús)?

c. ¿De QUÉ acusaban los judíos a Jesús en Juan 10:33?

d. ¿Estaban "ciegos" los judíos en relación a quién era Jesús? Por lo tanto, ¿eran ellos ovejas de Su redil?

Los judíos no estaban dispuestos a pasar a través de Jesús, la puerta del redil. Entonces, Jesús les enseñó acerca de las ovejas y el pastor.

2. Repasa Juan 20:30-31 que nos da la razón por la que Juan escribió este evangelio.

a. ¿Cómo ayudan los capítulos 9 y 10 a cumplir el propósito de Juan al escribir su evangelio?

b. Lee nuevamente Juan 10:30-39, y sólo en caso que lo hayas pasado por alto, ¿cómo muestran estos versículos la deidad de Jesucristo (el hecho que Jesús es Dios, uno con el Padre en carácter y atributos tales como santidad, justicia, misericordia y amor)?

3. Cuando estudias tu Biblia, es muy bueno que escribas las referencias cruzadas en el margen. Una **referencia cruzada** es el libro, capítulo y versículo -en otra parte de la Biblia- que diga básicamente lo mismo que estás estudiando; es una referencia que te ayuda a entender con mayor claridad lo que estás estudiando.

Debido a la gran importancia que tiene la verdad de que Jesucristo es Dios, es conveniente establecer un sistema de referencias cruzadas que señalen todo lugar donde se menciona esta enseñanza.

Por ejemplo, si quisieras hacer una referencia cruzada donde se muestre a Jesús como Dios en el evangelio de Juan, deberías escribir DIOS en el margen de tu Biblia junto a Juan 1:1. Ahora bien, bajo esa palabra debes escribir la siguiente referencia en Juan que muestre específicamente que Jesús es Dios. Por lo tanto, junto a Juan 1:1, deberías escribir:

DIOS
Juan 1:14

Luego iremos a Juan 1:14 y en el margen también escribimos DIOS; y bajo esta palabra escribimos la siguiente referencia de Cristo-Dios, que es Juan 8:24. Vamos a Juan 8:24 y junto a él escribimos DIOS; debajo escribe la siguiente referencia que es Juan 8:58. Una vez que llegamos a Juan 8:58, escribimos a su lado la palabra DIOS, y debajo la siguiente referencia que es Juan 10:30-33.

4. Repasa lo que ayer observaste y enumeraste con respecto a las ovejas y el Pastor.

5. Al final de esta lección, hay una sección llamada CARACTERÍSTICAS DE LAS OVEJAS. ¡disfrutarás mucho leyendo estas características! Son muy interesantes ¡una descripción de cómo son muchas personas!, te ayudarán a apreciar lo que dice Jesús en Juan 10 (recuerda que los judíos del tiempo de Jesús estaban mucho más familiarizados con las ovejas que muchos de nosotros hoy en día).

Después que leas las CARACTERÍSTICAS DE LAS OVEJAS, haz una lista de las formas en que te relacionas con lo que acabas de aprender. ¿En qué te pareces a las ovejas?

6. De acuerdo a lo que has aprendido en Juan 10:

a. ¿CUÁL es la única forma de llegar al redil de Dios?

b. ¿QUÉ le sucederá a las ovejas de Dios?

c. ¿Es Jesucristo tu pastor? O ¿te gustaría que Él fuera tu pastor? ¿Te gustaría ser Su oveja? ¿Por qué sí o por qué no?

d. Escribe una oración a Dios y dile qué hay en tu corazón, y cómo te sientes sobre lo que acabas de aprender de Su mensaje en Juan 9 y 10.

7. Anota los temas de Juan 9 y 10 en el cuadro del PANORAMA DE JUAN.

8. Ahora, aprende a observar los "acontecimientos" que ocurren en tu propia vida, y pregúntale a Dios qué quiere que aprendas de ellos cuando sucedan. Recuerda, Él está ahí con la verdad para ayudarte a sobrellevar cada incidente. ¡Él tiene cuidado de ti!

Características de las Ovejas

1. La vida de una oveja depende en gran parte de la clase de pastor que tenga. Si la oveja tiene un pastor mezquino o cruel, probablemente sufrirá y tendrá una vida muy difícil. O si el pastor es perezoso y no tiene cuidado de ella, ¡podría estar hambrienta o incluso morir de hambre!
Pero si el pastor es amable y esforzado, y no piensa primero en sí mismo, entonces la oveja crecerá saludable, fuerte, satisfecha y feliz.

2. Más que cualquier otra clase de animal, la oveja necesita de atención y cuidado. El pastor debe proteger a la oveja de los pumas, lobos, perros y ladrones. El pastor debe proteger a su oveja *todo el tiempo,* día y noche (y como sabes, Dios es tu Pastor... ¡Quien también te protege todo el tiempo!).

3. Las ovejas son animales tímidos y temerosos. Se asustan muy fácilmente, y este temor les impide hacer muchas cosas buenas para ellas.

4. Las ovejas tienen "mentalidad de muchedumbre" (de seguir al grupo) — tienen "instinto de grupo" —ellas harán lo que las demás hagan. Si una oveja se asusta y corre, todas las demás correrán con ella, aunque no sepan por qué están corriendo.

5. Las ovejas son animales de hábitos. A ellas les gusta seguir las mismas huellas una y otra vez. Siempre pastarán en la misma tierra hasta que prácticamente hayan arruinado el suelo—y entonces ¡comerán malos pastos!

6. A las ovejas también se les conoce por ser animales muy testarudos. Ellas necesitan al pastor para que las guíe.

7. Las ovejas son animales muy torpes. A veces llegan a paralizarse si hay peligro a su alrededor. Algunas veces ni siquiera intentarán correr para salvarse; sentirán pánico y ni siquiera gritarán.

8. Es fácil darse cuenta de a quién le pertenece la oveja, porque cada pastor le pone una marca en su oreja. Es algo así como una marca registrada (para esto el pastor perfora cierta marca en la oreja de cada oveja). Y cada pastor le pone a todas sus ovejas la misma marca.

9. Las ovejas no se echarán y descansarán a menos que:

   a. No sientan miedo

   b. Se lleven bien con las demás ovejas

   c. No tengan moscas o pestes molestándolas

   d. No estén hambrientas

10. Las ovejas se "embisten" unas a otras con sus cabezas. Y ellas siguen un cierto "orden de embestida". Por lo general, la oveja más vieja ocupa la posición más alta de poder. Si una oveja más joven está pastando en algún lugar en el que la más vieja desea pastar, entonces ¡la empujará con la cabeza y la quitará del camino! Y las ovejas jóvenes actuarán justamente del mismo modo con las otras ovejas más jóvenes que ellas; *Pero* cuando llega el pastor, las ovejas olvidan que estaban peleando y se detienen comportándose bien.

11. Una oveja debe tener buenos campos para comer ¡o permanecerá hambrienta! Y si una oveja está hambrienta,

ella se mantendrá de pie y constantemente buscará comida para satisfacer su hambre. Las ovejas no pueden dormir si están hambrientas, y no le sirven de mucho a su dueño si permanecen en ese estado. Ellas se ponen nerviosas e inquietas muy fácilmente, y si no comen la comida correcta, les ocurrirá toda clase de cosas que las perturben.

12. Las ovejas son molestadas por muchas pestes diferentes—toda clase de moscas, mosquitos, jejenes y otros insectos voladores. Muchos de estos insectos se dirigirán directamente ¡a la nariz de las ovejas! Y si penetran en la nariz de las ovejas, pueden colocar allí sus huevos. Cuando los huevos maduran, las larvas se meterán en las fosas nasales y causarán hinchazón, irritación, y a veces ceguera. Entonces las ovejas golpearán su cabeza contra árboles o rocas para tratar de detener la peste que las está molestando; y algunas veces, este comportamiento puede matarlas. Otras ovejas sacudirán sus cabezas durante horas y horas. Algunas correrán hasta el punto de caer por haber corrido tanto. Cuando un buen pastor mira lo que le está sucediendo a su oveja, él pone aceite sobre su cabeza y alrededor de la nariz; lo cual calma a la oveja.

13. ¡Las ovejas deben tener agua! El cuerpo de una oveja tiene un 70% de agua, así que tiene mucho que ver con cuán saludable y fuerte esté una oveja. Las ovejas obtienen agua principalmente de tres lugares:

a. Manantiales y arroyos

b. Pozos profundos

c. Del rocío del pasto (sí, ¡del rocío del pasto!).

Las ovejas pueden aguantar largos períodos de tiempo si logran obtener el rocío del pasto temprano en la mañana, antes que el sol lo evapore.

14. Las ovejas pueden morir si caen "boca arriba". Esto significa que no pueden voltearse ni levantarse por sus propios medios. Si el pastor no la auxilia rápidamente, ¡la oveja puede morir! Una vez que el pastor encuentra a la oveja en esa posición, entonces le habla amablemente y frota sus patas para que se restablezca la circulación. Una oveja puede caerse "boca arriba" porque estaba buscando un lugar tranquilo, porque tiene demasiada lana, o porque está demasiado gorda.

15. En el redil—el lugar donde duerme la oveja—el pastor se acuesta en la abertura de la puerta para cuidarlas. Si los ladrones o depredadores intentan entrar y lastimarlas, tendrían que pasar por sobre el pastor, porque él es la puerta.*

---

* La información en **Características de las Ovejas** fue recopilada de Philip Keller, A. Shepherd Looks at Psalm 23 (Grand Rapids, MI: Zondervan Publishing House, 1998.) Usado con permiso

Séptima Semana:
Comprendiendo El Cuadro Completo - Comparando Escritura Con Escritura

Primer Día

Lee Juan 11.

1. Marca algunos lugares geográficos y búscalos en tu mapa. Mira también las referencias a tiempo. Necesitarás regresar a Juan 10:40 y cerciorarte que marcaste esa referencia para poder entender dónde estaba Jesús en Juan 11:6.

2. Marca toda referencia a las siguientes palabras clave: *muerte, creer, vida, ciego* (recuerda cómo marcaste esta palabra en Juan 9 y 10).

Segundo Día

Lee nuevamente Juan 11.

1. Esta vez, marca toda referencia a las siguientes personas: *Lázaro, Jesús, Marta, María, El Cristo.*

2. Haz una lista de todo lo que aprendes acerca de Jesús y Lázaro en este capítulo.

Jesús	Lázaro

Tercer Día

1. Lee otra vez Juan 11, y esta vez haz una lista de lo que aprendes acerca de María y Marta.

María	Marta

2. Como mencionamos anteriormente, *cuando lees la Palabra de Dios es bueno comparar las Escrituras con las Escrituras.* Por lo tanto, para poder ganar un mayor entendimiento acerca de María y Marta, encontrarás útil leer Lucas 10:38-42. Al leer, mira qué puedes aprender de ellas. A continuación encontrarás este pasaje junto con dos columnas, para que anotes cualquier otra cosa que aprendas acerca de cada una de estas mujeres.

> Aconteció que yendo de camino, entró en una aldea; y una mujer llamada Marta le recibió en su casa. Ésta tenía una hermana que se llamaba María, la cual, sentándose a los pies de Jesús, oía Su Palabra. Pero Marta se preocupaba con muchos quehaceres, y acercándose dijo: Señor, ¿no te da cuidado que mi hermana me deje servir sola? Dile, pues, que me ayude. Respondiendo Jesús le dijo: Marta, Marta, afanada y turbada estás con muchas cosas. Pero sólo una cosa es necesaria; y María ha escogido la buena parte, la cual no le será quitada.

María   *Marta*

3. Ahora, pensando en lo que viste acerca de María y Marta, contesta estas preguntas:

   a. ¿Cuál se parece más a ti? ¿Por qué?

   b. ¿Qué aprendes de Lucas 10:38-42 que puedas aplicarlo a tu vida?

Cuarto Día

1. ¿Qué crees que le sucede a una persona cuando muere?

2. ¿De dónde provienen tus creencias o en qué se basan?

3. ¿Crees que puedes confiar en ellas? ¿Por qué?

4. Tomemos unos momentos y veamos lo que la Palabra de Dios dice que sucede cuando una persona muere.

Busca las siguientes referencias en tu Biblia o en tu Registro de Observaciones (Si no tienes una Biblia, aquí encontrarás todos los pasajes de otros libros que no sean el evangelio de Juan).

Al leerlas, recuerda que esta es la Palabra de Dios. Escribe (o subraya en las referencias impresas para ti) lo que aprendes sobre las personas que han creído en el Señor Jesucristo y que por lo tanto han nacido de nuevo.

a. Juan 3:16

b. Juan 5:21,24

c. Juan 6:37, 39, 44

d. Juan 8:51

e. Filipenses 1:21-23

   Pues para mí, el vivir es Cristo y el morir es ganancia. Pero si el vivir en la carne, esto *significa* para mí *una* labor fructífera, entonces, no sé cuál escoger. Porque de ambos *lados* me siento apremiado, teniendo el deseo de partir y estar con Cristo, pues *eso* es mucho mejor.

f. Juan 4:1-3

g. 2 Corintios 5:8

   Pero cobramos ánimo y preferimos más bien estar ausentes del cuerpo y habitar (estar presentes) con el Señor.

h. Apocalipsis 21:3-4,6

   Entonces oí una gran voz que decía desde el trono: "El tabernáculo de Dios está entre los hombres, y El habitará entre ellos y ellos serán Su pueblo, y Dios mismo estará entre ellos. "El enjugará toda lágrima de sus ojos, y ya no habrá muerte, ni habrá más duelo, ni clamor, ni dolor, porque las primeras cosas han pasado."

   "Yo soy el Alfa y la Omega, el Principio y el Fin. Al que tiene sed, Yo le daré gratuitamente de la fuente del agua de la vida".

5. Ahora bien, ¿cómo estas palabras de Dios se comparan con tus creencias o enseñanzas en tu religión?

Quinto Día

1. Hoy queremos ver lo que le ocurre a aquellos quienes no creen que Jesús es el Cristo, el Hijo de Dios, y que por lo tanto no tienen vida en Su nombre. Lee los siguientes pasajes de la Biblia. Anota o subraya lo que aprendes sobre aquellos que no creen.

a. Juan 3:36

b. Juan 5:28-29 (Nota el contraste entre las obras buenas y malas. ¿Te das cuenta que tus obras muestran a quién le perteneces y a quién sirves?).

c. Juan 8:24

d. Apocalipsis 21:8

> "Pero los cobardes, incrédulos, abominables, asesinos, inmorales, hechiceros, idólatras, y todos los mentirosos tendrán su herencia en el lago que arde con fuego y azufre, que es la muerte segunda."

e. Apocalipsis 20:11-15

> Vi un gran trono blanco y a Aquél que *estaba* sentado en él, de cuya presencia huyeron la tierra y el cielo, y no se halló lugar para ellos. También vi a los muertos, grandes y pequeños, de pie delante del trono, y *los* libros (rollos) fueron abiertos. Otro libro (rollo) fue abierto, que es *el Libro* de la Vida, y los muertos fueron

juzgados por lo que estaba escrito en los libros (rollos), según sus obras.

El mar entregó los muertos que estaban en él, y la Muerte y el Hades (la región de los muertos) entregaron a los muertos que estaban en ellos. Y fueron juzgados, cada uno según sus obras. La Muerte y el Hades fueron arrojados al lago de fuego. Esta es la muerte segunda: el lago de fuego.

Y el que no se encontraba inscrito en el Libro de la Vida fue arrojado al lago de fuego.

2. ¿No ha sido esto esclarecedor? Acabas de ver lo que Dios dice acerca de aquellos que no creen. Resume lo aprendido.

3. Haz una lista de todo lo que aprendes marcando las referencias a *creer* en Juan 11.

4. Tu, amado de Dios por quién Cristo murió, ¿has creído verdaderamente? ¿Tus obras—la forma en que vives, actúas, la manera en que tratas a la gente, tu obediencia a la Palabra de Dios—lo demuestra?

¡Esto es realmente asombroso! Jesús te amó y murió por ti cuando aún eras un pecador. Él no te pide que cambies por ti mismo o que te limpies a ti mismo. Él te recibe tal como eres. Sin embargo, cuando vienes a Él, creyendo que Él es Dios, el Cordero de Dios que quita tus pecados, entonces Él se convierte en tu Pastor y te da vida eterna. Nunca perecerás—y nadie te arrebatará jamás de la mano de Dios. Él te resucitará y vivirás con Él por siempre, porque Él te da vida—vida eterna y abundante.

Octava Semana:
La Importancia De Las Referencias De Tiempo - La Secuencia De Los Eventos Y Lo Que Revelan

Primer Día

1. Lee Juan 11:54-57. Este es un pasaje muy significativo porque contiene información importante referente a Jesús y Su ministerio. Responde las siguientes preguntas y escribe el número del versículo en donde obtuviste tu respuesta:

a. ¿QUÉ iba a cambiar en el ministerio de Jesús? En otras palabras, ¿de quién se estaba apartando Jesús?

b. ¿QUÉ tiempo del año era ese? ¿CUÁL era la fiesta más cercana? Mira el cuadro de las fiestas (páginas 200, 201) y nota el cuándo.

c. Dos grupos de personas estaban ansiosos por ver a Jesús. ¿QUIÉNES eran y QUÉ querían saber?

1)

2)

2. Anota el tema de Juan 11 en el cuadro del PANORAMA DE JUAN en la página 199.

3. Lee Juan 12, párrafo por párrafo (recuerda que puedes saber dónde comienza un párrafo, fijándote en el número del versículo que tiene un color más oscuro).

Mientras lees Juan 12, párrafo por párrafo, fíjate y marca dos cosas:

a. Como lo has hecho anteriormente, marca toda referencia a tiempo y los lugares geográficos. *Esto te ayudará a entender el contexto cronológico y geográfico de estos eventos. Recuerda que cuando mencionamos el contexto cronológico, nos estamos refiriendo al orden o la secuencia de tiempo de los acontecimientos y cómo uno le sigue al otro.* No olvides ver el mapa en la página 202 para localizar los lugares mencionados. Ten presente que si Dios nos dice estas cosas en Su Palabra es porque desea que las sepamos.

b. Presta atención a las diferentes personas con las que Jesús tiene contacto en este capítulo, y nota sus respuestas hacia Él. En el margen del Registro de Observaciones de Juan 12 resume dónde está Jesús y qué está haciendo o con quién está.

Por Ejemplo, en el margen de Juan 12:1, podrías escribir algo como esto:

En Betania
con Lázaro,
María, Marta

Luego, junto a los versículos 9-11 escribirías:

La multitud va a ver a Lázaro
Los sacerdotes traman la muerte de Lázaro

Hacer un ejercicio como éste, viendo un capítulo párrafo por párrafo, te ayuda a ver todo lo que cubre ese capítulo.

Segundo y tercer Día

1. Nuevamente, lee Juan 12. Esta vez, fíjate en las referencias de tiempo y de lugar. Asimismo, necesitas marcar las palabras clave mencionadas en el punto número 2. Asegúrate que todas ellas estén incluidas en tu separador. Mientras marcas las palabras, mantén en mente las seis preguntas básicas.

2. Ahora haz una lista de todo lo que aprendes acerca de las palabras que marcaste. Recuerda repasar las seis preguntas básicas: ¿QUIÉN? ¿QUÉ? ¿CÓMO? ¿CUÁNDO? ¿DÓNDE? ¿POR QUÉ? Obtén las respuestas a estas preguntas directamente de los versículos —no añadas tus propios pensamientos. Sólo así sabrás que estás usando con exactitud la Palabra de Dios (te daremos un ejemplo de cómo hacer las seis preguntas básicas sobre la palabra *Rey*).

    a. *Rey* (Nota QUIÉN es el rey, de QUIÉN es el rey, QUÉ se dice acerca de Él, CÓMO vendrá y CÓMO se le reconocerá, etc.).

    b. *Señal (señales).* Nota a qué señal se hace referencia y cuál fue la respuesta a ella.

c. *Hora*

d. *Hijo del Hombre*

e. Toda referencia a *creer*

f. Toda referencia a *Juzgar*

g. *Luz*

h. *Vida eterna (vida)*

i. *Mundo*

1. Lee Juan 13. Mira cuidadosamente qué eventos son cubiertos en este capítulo, dónde suceden, qué ocurre, por qué sucede o por qué se hace, qué significa, quién es señalado en este capítulo y por qué. Observa también lo que dice Jesús en este capítulo y a quién se lo dice. Asegúrate de marcar los indicadores de tiempo y lugar como ya lo has hecho antes (en otras palabras, lee este capítulo y sigue haciéndote... ¡las seis preguntas básicas!).

Señala también cualquier palabra clave que hayas marcado anteriormente. Marca toda referencia a *amar* (agrégala a tu separador junto con la palabra *amor,* puesto que las buscaremos en varios de los siguientes capítulos).

2. Cuando termines de leer este capítulo, y de hacer el numeral uno, escribe algunas de tus observaciones. Por favor, sé breve y preciso en tus respuestas.

    a. ¿De QUÉ trata este capítulo?

    b. ¿QUIÉNES son los personajes principales en este evento y QUÉ aprendes de cada uno de ellos?

c. ¿POR QUÉ Jesús lavó los pies de los discípulos? ¿Lavó los pies de todos los discípulos? ¿Excluyó Él a Judas? (¿Qué iba a hacer Judas?) ¿Qué te dice esto?

d. ¿CUÁNDO se lleva a cabo el evento descrito en Juan 13? ¿POR QUÉ en este tiempo?

e. ¿Qué lecciones o verdades enseña Jesús en este capítulo y a quiénes se aplican?

Quinto Día

1. En Juan 12:23,27 y 13:1 Jesús se refiere a "la hora", "esta hora", "Su hora". Al observar el texto, ¿a qué hora piensas que Jesús se estaba refiriendo?

2. Busca las siguientes referencias en Juan y anota lo que aprendes acerca de cada uso de la frase "Su (Mi) hora aún no ha llegado". Nota CUÁNDO es dicha y QUÉ está ocurriendo cuando se dice.

a. Juan 2:4

b. Juan 7:30

c. Juan 8:20

3. Entonces, a la luz de lo que viste en Juan 12 y 13 acerca de "la hora", ¿qué aprendes acerca de la muerte de Jesucristo? ¿Fue un accidente o fue planeada? Y ¿por quién piensas que fue planeada?

4. De acuerdo a Juan 12:23-27, ¿POR QUÉ vino Jesús?

5. Cuando estudiemos Juan 19, veremos con mayor detalle la manera en que Jesús murió. Él fue crucificado, lo cual significa que fue clavado a una cruz y colgado allí hasta morir. Mira Juan 12:32-33. ¿Jesús sabía cómo moriría? Explica tu respuesta de acuerdo a estos versículos.

6. En todo el evangelio de Juan y en los otros evangelios (Mateo, Marcos y Lucas) Jesús es llamado "el Hijo del Hombre". En Juan 1:1-3,14 vemos que Jesús era Dios, uno con el Padre, el Creador de la tierra, el Verbo de Dios quien se hizo carne y habitó entre nosotros (todo esto aunque también fue el Hijo del Hombre). En otras palabras, Dios se hizo hombre. Debido a que Jesús nació de una virgen, y que Dios es Su Padre, Jesús no nació con pecado como tú y yo. Jesús no tenía pecado.

Los evangelios de Mateo, Marcos y Lucas nos dicen que Jesús fue tentado por el diablo, al igual que el primer hombre y mujer fueron tentados (Adán y Eva). Pero, a diferencia de Adán y Eva, Jesús no cedió ante la tentación. Él no pecó. Y como vimos en los capítulos 5 y 8 de Juan, Jesús hizo siempre y únicamente lo que le complacía al Padre. Así que no pecó. Si Él hubiera pecado, hubiera tenido que morir por Su propio pecado. Pero debido a que no pecó, Él podía morir en nuestro lugar por nuestros pecados. Por esta razón Jesús llegó a ser el Hijo del Hombre.

En otro libro de la Biblia, en Hebreos, leemos estos versículos:

> Así que, por cuanto los hijos participan de carne y sangre, también Jesús participó de lo mismo, para anular mediante la muerte el poder de aquél que tenía el poder de la muerte, es decir, el diablo, y librar a los que por el temor a la muerte, estaban sujetos a esclavitud durante toda la vida. (Hebreos 2:14-15).

Lo que Dios está diciendo es que debido a que tú y yo somos seres humanos—hombres—entonces Jesús se hizo hombre; el Hijo del Hombre, se hizo carne y sangre para morir por nosotros. Nuestros pecados le dan al diablo poder sobre nosotros, porque la paga del pecado es muerte. Pero, cuando Jesús murió por nosotros y pagó por nuestros pecados, Él nos abrió el camino para libertarnos del poder del diablo y de la muerte.

Meditemos juntos lo que hemos visto hasta ahora en el evangelio de Juan.

En Juan 8:34 aprendimos que todo aquel que comete pecado es esclavo del pecado. Sin embargo, en Juan 8:36 vimos que el Hijo puede hacernos libres. También vimos en Juan 8:44, que el diablo es el padre de aquellos que no creen en Jesús; pero cuando creemos en Jesús, creemos en la verdad, y Dios llega a ser nuestro Padre (recuerda que Juan 1:12 nos dice que Dios le da a quienes reciben a Jesús la potestad de llegar a ser hijos de Dios).

El creer en Jesús, significa creer que Él es Dios—el YO SOY—y recibirlo como nuestro Dios y Salvador que quita nuestros pecados. Cuando hacemos esto se rompe el poder del diablo sobre nosotros porque como dice Juan 12:31 el príncipe de este mundo (el diablo) será lanzado fuera. Nuestro pecado ha sido pagado en su totalidad. Completamente.

Cuando creemos en Jesús nacemos de nuevo; nacemos en la familia de Dios. Entonces no continuamos viviendo en las tinieblas, sino que tenemos la luz de la vida, de la vida eterna (Juan 12:46). Nunca más seremos ciegos, sino que tenemos la luz de la vida. Jesús es la luz del mundo (Juan 8:12) y llegamos a ser hijos de luz (Juan 12:36). Somos el fruto de la muerte de Jesús (Juan 12:24-25) y le servimos siguiéndolo (Juan 12:26). Y si vamos a seguirlo, entonces debemos servir a otros—figuradamente "lavar sus pies"; en otras palabras, servirlos con amor. ¿Y cómo sabrán los hombres que somos discípulos (seguidores) de Jesucristo? Porque nos amamos unos a otros (Juan 13:34-35).

7. ¡Buen trabajo! Esto es todo por hoy, no olvides anotar los temas de Juan 12 y 13 en el Panorama de Juan.

Dios existe y se interesa por ti, al igual que Jesús. Por eso Dios envió a Jesús, y por ello Jesús murió.

Entonces, ¿sabe Él de ti? ¡Absolutamente sí! Tú eres precioso para Él—tan precioso que Él sacrificó a Su Hijo por ti.

Hombre o mujer, niño o adulto, prisionero o libre, de clase baja o alta, instruido o ignorante, a Él no le importa. Él te ama y quiere ser tu Padre. Por esa razón el Hijo del Hombre fue levantado igual que la serpiente en el desierto fue levantada (Juan 3:14.) Esa serpiente representaba el pecado; y Jesús fue alzado—en la cruz—en donde Dios puso todos tus pecados, mis pecados y todos los pecados de la humanidad en Él. De esa manera Jesús, Quien no conoció pecado, fue hecho pecado por nosotros—por ti—para que pudiésemos tener Su justicia.

La salvación, vida eterna y libertad de la esclavitud del pecado, son todas tuyas si crees en el Señor Jesucristo y lo recibes como tu Dios y Salvador. Solo entonces serás un hijo de Dios por siempre y para siempre.

Piensa en todo lo que esto significa... y háblale a Dios al respecto. Quizás hasta desees escribir tu propia oración a Él.

Novena Semana:
Metáforas, Símiles, Alegorías, y Parábolas - Entendiendo El Cuadro Completo

Primer Día

1. Lee Juan 14. Busca indicadores de tiempo y de lugar, y marca toda referencia a las siguientes palabras clave con un símbolo o color resaltado: *amar, creer, Jesucristo*.

Asegúrate de marcar los pronombres y variantes verbales que se refieran a Jesucristo. Mientras lo haces, asegúrate que se refieran a Jesús y no a alguien más.

2. Si alguien te fuera a preguntar de qué trata Juan 14, ¿qué le dirías al respecto?

3. Responde las siguientes preguntas:

a. Jesucristo estaba en el Aposento Alto. ¿CUÁNDO estaba diciendo lo registrado en Juan 14? Y si no pudieras determinarlo de esta lectura, entonces ¿a dónde irías por la respuesta? ¡Así es! Regresarías a Juan 13.

b. ¿A QUIÉNES les está diciendo Él esas cosas?

c. ¿DÓNDE estaba Judas?

Segundo Día

1. Lee otra vez Juan 14. Ahora busca y marca toda referencia al *Espíritu*. También marca cualquier pronombre o sinónimo que se refiera al Espíritu. Búscalos cuidadosamente.

2. Recuerda que el propósito de Juan al escribir su evangelio era relatarnos algunas de las señales que Jesús hizo, para que pudiésemos creer que Jesús es el Cristo, el Hijo de Dios, y que creyendo pudiésemos tener vida en Su nombre.

De aquí en adelante, Jesús ya no está ministrando en público; ahora dedicaba tiempo a solas con Sus discípulos. Él deseaba que entendieran muy bien la vida que vino a darles. Así que les estaba enseñando sobre esa vida—qué podían esperar, cómo debían vivirla y quién les ayudaría.

Por lo tanto, estos capítulos son muy importantes. Si aprendes sus verdades y las entiendes, entonces sabrás cómo vivir, y tendrás esa vida abundante que Jesús prometió en Juan 10:10—aún cuando pases por pruebas y tribulaciones.

Busca Juan 16:33, el cual trae las enseñanzas de Jesús a Sus discípulos. Este versículo relata por qué Jesús habló "estas cosas" en Juan 13-16 a Sus discípulos. A continuación escribe la razón, y luego mantenla en mente al estudiar estos capítulos.

3. Haz una lista de todo lo que aprendes acerca de Jesucristo en Juan 14. Si deseas hazla en una hoja aparte; y cuando la completes, transcríbela al cuadro QUÉ ENSEÑA JUAN 14-16 ACERCA DEL PADRE, DEL HIJO Y DEL ESPÍRITU SANTO en la página 120. Esta será una lista larga pero muy importante.

Tercer Día

1. Haz una lista de todo lo que aprendiste en Juan 14 al marcar las referencias al Espíritu Santo. Cuando termines, trasládala al cuadro QUÉ ENSEÑA JUAN 14-16 ACERCA DEL PADRE, DEL HIJO Y DEL ESPÍRITU SANTO al final de la Décimo Primera Semana.

2. Ahora lee Juan 14, y marca toda referencia al Padre junto con sus pronombres y cualquier sinónimo que se refiera a Él. Cuando termines, haz una lista en una hoja aparte, con lo que aprendiste de Juan 14 acerca del Padre. Escribe esta información en el cuadro QUÉ ENSEÑA JUAN 14-16 ACERCA DEL PADRE, DEL HIJO Y DEL ESPÍRITU SANTO.

3. Anota el tema de Juan 14 en el cuadro del PANORAMA DE JUAN en la página 199.

Cuarto Día

1. Lee Juan 15. Busca referencias de tiempo y de lugar, y marca toda referencia al *Padre*, al *Hijo* y al *Consolador* (o *Espíritu de verdad*), del mismo modo como los marcaste en Juan 14.

2. Nuevamente, lee Juan 15. Esta vez marca toda referencia a las siguientes palabras clave: *permanecer, amor, odio, mundo*.

Quinto Día

1. En el cuadro QUÉ ENSEÑA JUAN 14-16 ACERCA DEL PADRE, DEL HIJO Y DEL ESPÍRITU SANTO, haz una lista de lo que aprendes en Juan 15 acerca de cada persona de la Trinidad.

2. Hoy, antes de seguir adelante, hablemos por un momento sobre las figuras del lenguaje.

Una **figura retórica** es una palabra, frase o expresión usada en forma imaginaria en vez de literal. Cuando las personas escriben, con frecuencia usan varios tipos de figuras de lenguaje. Por lo tanto, cuando estudias la Biblia es importante que sepas cuándo usaron figuras retóricas, quienes escribieron la Biblia, para transmitir su punto de vista.

Las figuras del lenguaje más comunes son la metáfora, el símil, la alegoría y la parábola.
Ellas nos ayudan a entender el cuadro completo.

- Una **metáfora** es una comparación implícita. Y el evangelio de Juan tiene varias de ellas. Cuando Jesús dice: "Yo soy la luz del mundo" o "Yo soy el pan de vida", Él está usando metáforas. Las metáforas ayudan a explicar en términos terrenales cómo es Jesús.

- Un **símil** es una comparación entre dos cosas o ideas diferentes. Un símil usará las palabras: "como", "así cómo", entre otras".

- La **alegoría** es la descripción de una cosa usando la imagen de otra. El ejemplo de la vid y los pámpanos en Juan 15, es una alegoría usada para enseñarnos sobre nuestra relación con Jesucristo.

- Una **parábola** es una historia que nos enseña una lección moral o una verdad.

Las parábolas y las alegorías son como historias relatadas para señalar algo en particular. Puedes ver estas figuras de lenguaje en Juan 10:6 cuando Jesús dice que Él es la puerta del redil. Y en Juan 16:25,29, Jesús nuevamente habla con figuras retóricas.

3. Juan 15:1-9 es también una alegoría. A continuación, haz una lista de lo que aprendes en ella acerca de:

La Vid   *El Viñador*   *Los Sarmientos*

4. ¿Cuál es la lección para nosotros en esta alegoría de Juan 15? Para responder esto, piensa en las siguientes preguntas:

a. ¿A QUIÉN le está hablando Jesús? ¿QUIÉN está con Jesús y QUÉ está por sucederle?

b. ¿QUIÉN se ha ido del Aposento Alto para traicionar a Jesús? Busca Juan 13:21-30 y escribe la respuesta.

c. Haz una lista de lo que aprendes acerca de Judas en Juan 6:66-71 y Juan 13:18.

d. ¿Permaneció Judas en la vid? ¿Llevó fruto?

e. ¿Durante algún tiempo, Judas parecía haber creído en Jesucristo? ¿Cuándo llegó a ser obvio que él no era un verdadero creyente?

¿Supones que Jesús relató esta alegoría para que los discípulos pudieran entender que no todo el que le seguía o decía creer en Él verdaderamente lo hacía? Tomando esta alegoría en su contexto, nos da la impresión que Jesús deseaba que los discípulos entendieran que si le perteneces a Él eres un verdadero creyente, un verdadero seguidor- permanecerías en Él y llevarías fruto. Es decir, que no serías como Judas.

5. Asegúrate de registrar los temas de Juan 14 y 15 en el cuadro del PANORAMA DE JUAN en la página 199.

Aún tenemos más por aprender de Juan 15, pero lo haremos la próxima semana mientras estudiemos Juan 16. No olvides que los capítulos de Juan 13 al 16 van juntos, porque Jesús está con Sus discípulos preparándolos para Su muerte, para la venida del Espíritu Santo, diciéndoles cómo deben vivir, y lo que enfrentarán de parte del mundo por pertenecerle a Él.

¡Oh, recuerda siempre!... Estas palabras son de Dios, escritas y preservadas para ti, para que puedas saber cómo tener vida eterna y cómo vivir en este mundo hasta que Jesucristo regrese a la tierra y gobierne como Rey de reyes y Señor de señores. Permanece en Él— ¡las palabras que habla Jesús son espíritu y son vida (Juan 6:63)!

Décima Semana:
Estudios Temáticos - Obteniendo Todo El Consejo De Dios Acerca Del Tema

Primer Día

1. Lee otra vez Juan 14-15 (página 179) y verás que Jesús está hablando a los 11 discípulos después de haberles lavado los pies durante la cena. Marca toda referencia a ellos y los pronombres que se refieren a ellos, especialmente la palabra *ustedes*.

Segundo Día

1. Haz una lista de todo lo que aprendes marcando las referencias a los 11 discípulos en Juan 14-15. Traslada esta lista al cuadro QUÉ ENSEÑA JUAN 14-16 ACERCA DE AQUELLOS QUE VIENEN AL PADRE A TRAVÉS DEL HIJO al final de la Décima Primera Semana.

2. ¿Piensas que lo que has enumerado acerca de los 11 discípulos también debería ser cierto en ti si perteneces al Señor Jesucristo? ¿Por qué?

Tercer Día

1. Lee Juan 16. Busca la referencias de tiempo y de lugar, y marca toda referencia a *Dios* (el Padre), *Jesucristo* y al *Espíritu Santo*. Fíjate en los sinónimos, variantes verbales y pronombres que se refieran a cada uno de ellos, y asegúrate de marcarlos. No te pierdas ni una sola preciosa verdad. Marca también todas las referencias a las palabras clave *creer* y *amar*.

2. Ahora haz una lista de todo lo que aprendes al marcar las referencias a Jesucristo en Juan 16, en el cuadro QUÉ ENSEÑA JUAN 14-16 ACERCA DEL PADRE, DEL HIJO Y DEL ESPÍRITU SANTO (página 120).

Cuarto Día

1. Lee otra vez Juan 16. Esta vez marca toda referencia a los 11 discípulos elegidos por Jesús.

2. Enumera todo lo que aprendes de Juan 16 acerca del Padre y del Espíritu Santo. Registra tu lista en el cuadro de la página 120. Cuando la hayas completado busca tres cosas que el Espíritu Santo hará cuando Él venga.

Examina todo esto planteando las seis preguntas básicas. Nota a DÓNDE va el Espíritu, QUÉ hace y POR QUÉ. Puedes marcar estás tres cosas en el texto, escribiendo un número sobre cada una de ellas. Esta es una buena manera de marcarlas en tu Biblia, pues te ayuda a observar el texto más de cerca y a recordar lo que Dios dice.

Quinto Día

1. Lee otra vez Juan 16. Este es un capítulo muy importante para ti, al igual que Juan 14 y 15. Haz una lista de lo que aprendes marcando las referencias a los 11 discípulos, en el cuadro QUÉ ENSEÑA JUAN ACERCA DE QUIENES VIENEN AL PADRE A TRAVÉS DEL HIJO (página 121).

2. Un ejercicio muy útil en el estudio bíblico es el recopilar estudios por temas. Esto se inicia haciendo una lista temática buscando todo lo que la Biblia enseña sobre un tema en particular. Una lista temática es aquella que incluye todos los hechos o información que da la Biblia sobre cierto tema, evento o persona. Sin embargo, las listas temáticas deben hacerse muy cuidadosamente.

Anteriormente te mencionamos que siempre es importante considerar el contexto en el cual se enseña algo que se dice o sucede (recuerda que el *contexto* es el escenario o ambiente en el que algo se enseña, se dice o sucede). Cuando se trata de interpretar las Escrituras—discerniendo lo que significan—el contexto siempre debe regir. Las Escrituras nunca contradicen a las Escrituras. Por lo que nuestra tarea como estudiantes de la Biblia, es descubrir qué enseña la Palabra de Dios sobre cualquier tema por medio de la cuidadosa y minuciosa observación de ella.

Puedes empezar a hacer esto estudiando la Biblia libro por libro. El leer la Biblia una y otra vez, *mantendrá siempre en tu mente "toda la enseñanza" de la Palabra de Dios*. Esto te ayudará a entender el contexto, y podrás interpretar las Escrituras apropiadamente.*

---

* Los principios de estudio que has aprendido a través del estudio de Juan, pueden aplicarse a cualquier libro de la Biblia. Para ayudarte a hacerlo, hemos escrito varios de estos estudios, y cada uno requiere un diferente compromiso de tiempo. Pero debemos decirte que la mejor forma de comenzar es adquiriendo la *Biblia de Estudio Inductivo*. Esta Biblia incluye instrucciones al comienzo de cada libro que te dirán QUÉ COSAS HACER para ayudarte a entender ese libro en particular. Asimismo, también encontrarás otras maravillosas ayudas para el estudio. Si tienes la *Biblia de Estudio Inductivo*, podrás estudiar la Palabra de Dios por tu propia cuenta por el resto de tu vida.

También ofrecemos en inglés LA SERIE INTERNACIONAL DE ESTUDI INDUCTIVO, que te ayudarán a investigar varios libros de la Biblia. Además tenemos disponibles CURSOS DE ESTUDIO BÍBLICO, PRECEPTO SOBRE PRECEPTO en muchos idiomas. Si deseas más información, comunícate con Ministerios Precepto P. O. Box 182218, Chattanooga, TN 37422 o llama a las oficinas de Precepto en tu país.

Busca los siguientes pasajes y mira qué enseñan acerca del Espíritu Santo. Luego agrega tus observaciones en el cuadro QUÉ ENSEÑA JUAN 14-16 ACERCA DEL PADRE, DEL HIJO Y DEL ESPÍRITU SANTO en la página 120.

a. Juan 1:32-33

b. Juan 3:5-6,8

c. Juan 3:34

d. Juan 4:23-24

e. Juan 6:63

f. Juan 7:38-39

g. Juan 20:22

3. De acuerdo a lo que has aprendido en Juan, si crees en el Señor Jesucristo, ¿dónde está el Espíritu Santo con respecto a ti? Repasa todo lo que has aprendido acerca del Espíritu Santo y revisa tu cuadro: QUÉ ENSEÑA JUAN 14-16 ACERCA DEL PADRE, DEL HIJO Y DEL ESPÍRITU SANTO en la página 120. Luego da gracias a Dios por el Espíritu, por todo lo que Él hará por ti, y dile que quieres recordar esto y vivir a la luz de todas estas verdades.

Décima Primera Semana:
Santificados Por La Verdad, Sostenidos En Oración

Primer Día

Lee el texto de Juan 17 que encuentras en la página 185. Cuando termines, formula las seis preguntas básicas sobre este capítulo y anota tus observaciones a continuación. Asegúrate de anotar QUIÉN está hablando, a QUIÉN le está hablando y de QUÉ está hablando.

No te vamos a ayudar con nada más que esto, porque lo mejor es que pienses por ti mismo. Luego en el futuro, podrás aplicar estos mismos principios a otros libros de la Biblia cuando los estudies.

Segundo Día

Lee Juan 17 otra vez, busca y marca las referencias de tiempo y de lugar. Además, marca las siguientes palabras clave: *mundo, palabra, palabras, vida eterna, amor* y *Jesucristo* (asegúrate de marcar todas las referencias incluyendo los pronombres).

Tercer Día

1. Lee Juan 17 una vez más y marca las siguientes palabras clave y frases:

   a. *A todos los que Le diste* o *los que Me has dado.*

   b. Toda referencia a los 11 discípulos.

   c. La referencia a Judas (en el versículo 12 se le llama el *hijo de perdición*).

   d. *Uno.*

   e. Toda referencia a *Glorificar, gloria.*

   f. *Amor, amaste.*

2. ¿Crees que esta "oración" de Jesús al Padre fue solo por los 11 discípulos o estas verdades también se aplican a ti? Ahora que has marcado el texto de Juan 17, léelo otra vez y piensa en esta pregunta. Escribe a continuación tu respuesta.

Cuarto Día

1. Lee otra vez Juan 17. Y el hacerlo en voz alta te ayudará a recordarlo. De hecho, cuando lees la Escritura en esta forma, una y otra vez, automáticamente la recordarás.

¡Qué bendición es memorizar la Escritura! Porque al hacerlo siempre la tendrás contigo. Y el tener la verdad en tu mente y tu corazón te permite meditar en ella—reflexionar y pensar de qué manera se aplica a tu vida y en qué deberías creer o no.

Si quieres memorizar algo, simplemente léelo en voz alta tres veces en tres diferentes momentos del día por una semana (o sea nueve veces por día durante siete días — ¡63 veces!) Al final de la semana ya lo habrás memorizado.

2. Ahora haz una lista de todo lo que aprendes marcando las referencias a Jesús en este capítulo. Anota tus observaciones como lo has hecho anteriormente en el cuadro QUÉ ENSEÑA JUAN 14-16 ACERCA DEL PADRE, DEL HIJO Y DEL ESPÍRITU SANTO al final de esta lección.

Quinto Día

1. Lee todo Juan 17, versículo por versículo, y haz una lista de todo lo que dice Jesús con respecto a los 11 discípulos. Luego, haz una lista de lo que Él ora o dice acerca de aquellos que creen en Él por medio de Su Palabra (mensaje) dada a través de ellos (a través de los discípulos).

Los Once   *Aquellos Que Creen*
                    A través de Su Palabra

2. Piensa en el escenario de Juan 17. Jesús está orando a Su Padre a favor tuyo, justo antes de dirigirse al huerto de Getsemaní donde sería arrestado y luego llevado a la casa de Caifás, el sumo sacerdote—quien, junto con su suegro Anás, deseaba librarse de Jesús.

    a. En base a todo lo que has visto desde que comenzaste a estudiar Juan 13, ¿quién o quiénes ocupan un lugar de importancia en el corazón de Jesús?

    b. ¿Qué te enseña esto acerca de Jesús?

c. ¿Qué te dice esto sobre lo que Jesús piensa y siente por ti?

3. Usa lo aprendido en Juan 17:14-17 para contestar lo siguiente:

a. ¿Cuál es la importancia de estudiar la Biblia?

b. ¿Qué te dice esto acerca de la Biblia?

c. Cuando termines este estudio, ¿vas a estudiar la Biblia? ¿Por qué?

4. Escribe el tema de Juan 17.

Solamente tenemos dos semanas más para terminar este estudio. Estamos muy orgullosos de ti y a la vez gozosos de poder decírtelo. Hemos estado orando mucho por ti. ¡Cómo quisiéramos poder decirte cara a cara, cuán precioso eres para Dios y cuánto Él desea bendecirte si sólo crees en Él y vives de acuerdo a Su Palabra y con el poder del Espíritu Santo!

Recuerda permanecer siempre en la Palabra; pues es la verdad la que te aparta del mundo (de su cultura).

Qué enseña Juan 14-16
Acerca del Padre, del Hijo y del Espíritu Santo

El Padre   *El Hijo*   *El Espíritu Santo*

Qué enseña Juan 14-16 Acerca de Aquellos que Vienen al Padre a Través del hijo

Décimo Segunda Semana:
¿La Vida? ¿La Palabra?
Todo Tiene Que Ver
Con Jesucristo

Primer Día

1. Lee todo Juan 18 y anota en el margen de tu Registro de Observaciones el lugar y lo que sucede en cada párrafo.

Recuerda que cada párrafo comienza con un número, en el margen izquierdo del versículo, impreso con color más oscuro. Sin embargo, en el versículo 38 verás que el número 38 no está mas oscuro, sino la Y. Cuando lo leas entenderás por qué el párrafo empieza ahí.

No olvides que un párrafo es un conjunto de oraciones que están agrupadas porque tienen algo en común. Todas ellas se enfocan en determinado pensamiento o acontecimiento.

2. A medida que lees todo Juan 18, marca todas las referencias a tiempo y las referencias geográficas de la misma manera como ya lo hiciste anteriormente. En este capítulo, todos los eventos se llevan a cabo en Jerusalén, pero suceden en diferentes partes de la ciudad. Marca esos diferentes lugares de Jerusalén.

Consulta el mapa, en la página anterior, que muestra a Jerusalén en el tiempo de Jesús para que puedas ver la relación geográfica entre estos lugares.

3. Marca las siguientes palabras: *verdad, rey, reino* (ya marcaste *rey* en el capítulo 12, así que márcala aquí de la misma forma como lo hiciste allí. Marca *reino* de manera diferente).

Segundo Día

Lee Juan 19 y sigue las mismas instrucciones que se te dieron ayer para el capítulo 18.

1. Marca todas las referencias a tiempo.

2. Marca las siguientes palabras: *pecado, verdad y rey*.

Tercer Día

Hoy queremos que leas todo Juan 18 otra vez, párrafo por párrafo, pero que te enfoques en los individuos que interactúan con Jesús.

Presta atención a qué hace cada uno, a cómo les responde Jesús y si hay alguna razón por la cual Él lo hace así. Registra a continuación todo lo que aprendas:

a. Jesús y Judas

b. Jesús y Pedro

c. Jesús, el sumo sacerdote y sus ministros

d. Jesús y Pilato

Cuarto Día

Lee todo Juan 19 tal como lo hiciste ayer. Escribe lo que aprendes acerca de las personas que actúan recíprocamente con Jesús y cómo Él les responde.

- a. Jesús y Pilato (agrega esto a la lista que comenzaste el Tercer Día).

- b. Jesús y los judíos.

- c. Jesús y los principales sacerdotes.

- d. Jesús y los soldados.

- e. Jesús y Su madre.

- f. Jesús y José de Arimatea.

- g. Jesús y Nicodemo (¿recuerdas al Nicodemo de Juan 3? ¿Qué implica esto sobre Nicodemo?).

Quinto Día

1. Mira las palabras clave que marcaste esta semana — *pecado, verdad, rey* y *reino*— y elabora una lista de lo que aprendiste al marcar cada una de estas palabras en Juan 18-19.

| Pecado | Verdad | Rey | Reino |

2. Anota los temas de Juan 18 y 19 en el cuadro del PANORAMA DE JUAN en la página 199.

3. Lee todo Juan 18-19 otra vez. Piensa en todo lo que ocurrió e imagina estos eventos en tu mente. Al hacerlo, recuerda que Jesús es Dios; que Él podía haber evitado que lo golpearan y crucificaran, pero no lo hizo. ¿Por qué? Porque Él nació para morir por tus pecados, por mis pecados y por los de toda la humanidad.

Jesús es el grano de trigo que cayó en tierra y murió para no permanecer solo sino llevar el fruto de la vida eterna para otros (nota la metáfora).

Él es el Buen Pastor que entregó Su vida por Sus ovejas (otra vez nota la metáfora).

Él es el Cordero de Dios que quita el pecado del mundo—El Cordero de la Pascua, inmolado el mismo día en que celebraban la Pascua y mataban los corderos para la pascua (mira Juan 18:39).

Él es la Luz del mundo colgada en la cruz—la luz que los líderes religiosos querían extinguir.

Él es el Único que invitó a los sedientos a venir y beber de Él.

Él es el Rey que cabalgó en Jerusalén, sobre un asno, para así cumplir la profecía de Zacarías: "¡Regocíjate sobremanera, hija de Sion! ¡Da voces de júbilo, hija de Jerusalén! Tu Rey viene a ti, Justo y dotado de salvación, Humilde, montado en un asno, En un pollino, hijo de asna..." (Zacarías 9:9).

Él es el Hijo del Hombre muriendo en lugar de la humanidad—en tu lugar. El Único que vino a explicarnos quién era el Padre—el Padre que ""de tal manera amó Dios al mundo, que dio a Su Hijo unigénito (único), para que todo aquél que cree en El, no se pierda, sino que tenga vida eterna", (Juan 3:16). ¿Vida? *¡Todo es acerca de Jesús!*

Ríndete a Sus pies y dile: "¡Mi Señor y mi Dios!" ¡Tú, estás cerca de mí! ¡Te importo! ¡Tú conoces de mí! ¡Adórale!

Décimo Tercera Semana:
Finalizando—
Revistiéndote Con
El Cinturón De La Verdad

Primer Día

Lee Juan 19:38 a 20:31 párrafo por párrafo. Nota dónde toma lugar la acción, quiénes están involucrados, cuándo sucede, etc.

Segundo Día

1. Lee todo Juan 20 (página 193) buscando las referencias de tiempo y de lugar.

2. Marca toda referencia a las siguientes palabras clave: *paz, creer, pecado, resucitar, subir*.
Nota que hay una diferencia entre resucitar de entre los muertos y subir al Padre. ¿Cuál es?

3. Ahora, haz una lista en la siguiente página de todo lo que aprendes al marcar cada una de las palabras clave.

 *Tercer Día*

1. Lee Juan 2:13-22.

   a. ¿Cómo se relaciona lo que sucedió en este pasaje con el evento principal de Juan 20?

   b. ¿Cuál fue la última señal dada por Dios para probar que Jesús es el Cristo, el Hijo de Dios—el dador de la vida eterna?

   c. ¿Hubo algún testigo de esa última señal? ¿QUIÉN? ¿CUÁNDO?

2. Si tienes tiempo, y una Biblia disponible, sería bueno que leyeras los relatos de los demás evangelios acerca de la muerte, sepultura y resurrección de nuestro Señor Jesucristo. Los encontrarás en Mateo 27-28; Marcos 14-16 y Lucas 22-24.

3. Lee 1 Corintios 15:1-8, que está impreso a continuación, y mira lo que el apóstol Pablo escribió tiempo después, acerca del evangelio (las buenas nuevas) de Jesucristo. Mientras lees, haz un dibujo como éste sobre la palabra *evangelio* y sus pronombres. Subraya *en primer lugar*. Luego haz un círculo en cada referencia a la palabra *"que"*.

Ahora les hago saber, hermanos, el evangelio que les prediqué (anuncié), el cual también ustedes recibieron, en el cual también están firmes, por el cual también son salvos, si retienen la palabra que les prediqué (anuncié), a no ser que hayan creído en vano. Porque yo les entregué en primer lugar lo mismo que recibí: que Cristo (el Mesías) murió por nuestros pecados, conforme a las Escrituras; que fue sepultado y que resucitó al tercer día, conforme a las Escrituras; que se apareció a Cefas (Pedro) y después a los doce. Luego se apareció a más de 500 hermanos a la vez, la mayoría de los cuales viven aún, pero algunos ya duermen (murieron). Después se apareció a Jacobo (Santiago), luego a todos los apóstoles. Y al último de todos, como a uno nacido fuera de tiempo, se me apareció también a mí (1 Corintios 15:1-8).

Pablo nos recuerda que Jesús murió conforme a las Escrituras y que fue resucitado al tercer día conforme a las Escrituras. "Conforme a las Escrituras", significa que la muerte y resurrección de Jesús fueron profetizadas en el Antiguo Testamento cientos de años antes que estos eventos ocurrieran. "Pero cuando vino la plenitud (el cumplimiento) del tiempo, Dios envió a Su Hijo, nacido de mujer...a fin de que redimiera" a ti y a mi (Gálatas 4:4-5). ¡Oh, qué maravilloso amor nos ha dado Dios!

Cuarto Día

1. Lee Juan 21, párrafo por párrafo, tomando nota de lo que ocurre en cada uno de ellos, de quién está involucrado, de cuándo y dónde sucede. Escribe esas notas en el margen del Registro de Observaciones.

2. Lee Juan 21 otra vez. Busca indicadores de tiempo y de lugar, y marca toda referencia a las siguientes palabras clave: *amor, ovejas, testimonio, manifestó* (fíjate qué o quién se manifestó, cómo y cuándo).

3. Escribe lo que aprendes marcando estas palabras clave.

4. Qué aprendes en este capítulo acerca de:

   a. Pedro

   b. Juan (el que escribió este evangelio)

5. Vuelve a Juan 18 y lee los versículos 15-27. Contesta las siguientes preguntas comparando esos versículos con Juan 21.

   a. ¿Dónde estaba Pedro cuando negó a Jesucristo?

   b. ¿Dónde estaba Pedro cuando Jesús habló con él (21:9-19)?

   c. Aunque Pedro negó tres veces a Jesús en Juan 18, ¿qué le dijo a Jesús (tres veces) en Juan 21?

   d. En Juan 13:37, ¿qué le dijo Pedro a Jesús, que haría por Él?

   e. Cuando Jesús fue arrestado ¿qué hizo Pedro?

   f. De acuerdo a Juan 21, ¿qué debía hacer Pedro?

   g. ¿Negaría él otra vez a Jesús al enfrentar el arresto y la muerte?

Ahora bien, si negáremos a Jesús debido a nuestra debilidad, ¿seguirá Él interesándose en nosotros? ¿Todavía nos amará? ¿Cómo puedes saberlo al leer Juan 21?

6. Registra los temas de Juan 20 y 21 en el cuadro del PANORAMA DE JUAN.

1. Regresa a tu cuadro del PANORAMA DE JUAN que está en el Apéndice y obsérvalo cuidadosamente; en este cuadro ya has anotado el tema de cada capítulo del evangelio de Juan. Sería bueno que repasaras capítulo por capítulo y veas qué registraste como tema de cada uno de ellos. Si deseas cambiar alguno, hazlo. Si dejaste sin anotar el tema de algún capítulo, anótalo ahora.

2. Escribe cualquier otra información que aún no hayas anotado. Sabes quién escribió el libro y por qué, asegúrate de escribir quién es el Autor y su Propósito. Nosotros te daremos la fecha en que el libro fue escrito: Se cree que fue escrito alrededor del año 85 d.C. También puedes hacer una lista con las palabras clave, ¡ya que las has marcado en cada uno de estos capítulos! Agrega además cualquier cosa que hayas descubierto por ti mismo.

3. Considera una vez más el propósito del autor. ¿Cuál es la declaración que mejor describe al libro en su totalidad? Esa declaración será tu tema para el evangelio de Juan, así que regístrala en el espacio apropiado del cuadro.

4. Sería un maravilloso ejercicio leer los primeros 11 capítulos de Juan y ver qué señales fueron realizadas por Jesús y registradas por Juan. En la División por Secciones, en la sección "Señales y Milagros" del cuadro PANORAMA DE JUAN, escribe cada milagro bajo el número del capítulo en el que ocurrió.

5. Jesús es descrito de diferentes formas en el evangelio de Juan. Por ejemplo, Él es la Luz del mundo, el Pan de vida, el Pastor de las ovejas, la Vid, la Resurrección y la Vida. Piensa en estas descripciones y anótalas en la División por Secciones, en "Descripciones de Jesucristo" del cuadro PANORAMA DE JUAN. Escribe cada descripción bajo el número del capítulo en que aparece.

¡Felicidades! ¡Has terminado tu estudio sobre el evangelio de Juan! Medita en que este evangelio fue escrito para ti, "para que puedas creer que Jesús es el Cristo, el Hijo de Dios, y que creyendo puedes tener vida en Su nombre."

¿Existe Dios? ¿Está ahí? ¡Claro que sí! Jesús nos lo ha mostrado y nos lo ha dado a conocer. Dios está ahí y siempre lo estará.
¿Se interesa por nosotros? ¡Claro que sí! Él te dio el mejor de los regalos—Su Unigénito Hijo.
¿Sabe él acerca de ti? ¡Claro que sí! Él te conoce lo suficiente como para estar donde tú estás—para poner este libro en tus manos y que así puedas conocerlo, amarlo y seguirlo, sin importar lo que otros digan o hagan.
Entonces, ¿lo harás?

¿Tomarás lo que has aprendido y lo compartirás con otra persona que necesite descubrir las respuestas a estás preguntas por sí misma? Piensa en el ministerio que puedes tener con este libro, el cual está siendo usado por todo el mundo conduciendo a muchas personas a Cristo, "descubriendo la verdad por sí mismos", y estableciendo a las iglesias.

Apéndice

APPENDIX

Registro De Observaciones
El Evangelio De Juan

Capítulo 1

1. En el principio *ya* existía el Verbo (la Palabra), y el Verbo estaba con Dios, y el Verbo era Dios.
2. El estaba (existía) en el principio con Dios.
3. Todas las cosas fueron hechas por medio de El, y sin El nada de lo que ha sido hecho, fue hecho.
4. En El estaba (existía) la vida, y la vida era la Luz de los hombres.
5. La Luz brilla en las tinieblas, y las tinieblas no la comprendieron (no la dominaron).
6. Vino *al mundo* un hombre enviado por Dios, cuyo nombre era Juan.
7. Este vino como testigo para testificar de la Luz, a fin de que todos creyeran por medio de él.
8. No era él la Luz, sino *que vino* para dar testimonio de la Luz.
9. Existía la Luz verdadera que, al venir al mundo, alumbra a todo hombre.
10. El estaba en el mundo, y el mundo fue hecho por medio de El, y el mundo no Lo conoció.
11. A lo Suyo vino, y los Suyos no Lo recibieron.
12. Pero a todos los que Lo recibieron, les dio el derecho (el poder) de llegar a ser hijos de Dios, *es decir,* a los que creen en Su nombre,
13. que no nacieron de sangre, ni de la voluntad de la carne, ni de la voluntad del hombre, sino de Dios.
14. El Verbo (La Palabra) se hizo carne, y habitó entre nosotros, y vimos Su gloria, gloria como del unigénito (único) del Padre, lleno de gracia y de verdad.
15. Juan dio testimonio de El y clamó: "Este era del que yo decía: 'El que viene después de mí, es antes de mí (tiene un rango más elevado que yo), porque era primero que yo.'"

16 Pues de Su plenitud todos hemos recibido, y gracia sobre gracia.
17 Porque la Ley fue dada por medio de Moisés; la gracia y la verdad fueron hechas realidad por medio de Jesucristo (Jesús el Mesías).
18 Nadie ha visto jamás a Dios; el unigénito Dios, que está en el seno del Padre, El *Lo* ha dado a conocer.
19 Este es el testimonio de Juan, cuando los Judíos enviaron sacerdotes y Levitas de Jerusalén (Ciudad de Paz) a preguntarle: "¿Quién eres tú?"
20 Y él confesó y no negó, pero confesó: "Yo no soy el Cristo (el Mesías)."
21 "¿Entonces, qué?" le preguntaron "¿Eres Elías?" Y él dijo: "No lo soy." "¿Eres el Profeta?" "No," respondió Juan.
22 Entonces le preguntaron: "¿Quién eres? Ya que tenemos que dar respuesta a los que nos enviaron. ¿Qué dices de ti mismo?"
23 Juan les respondió: "Yo soy LA VOZ DEL QUE CLAMA EN EL DESIERTO: 'ENDERECEN EL CAMINO DEL SEÑOR,' como dijo el profeta Isaías."
24 Los que habían sido enviados eran de los Fariseos,
25 y le preguntaron: "Entonces, ¿por qué bautizas, si tú no eres el Cristo (el Mesías), ni Elías, ni el Profeta?"
26 Juan les respondió: "Yo bautizo en agua, *pero* entre ustedes está Uno a quien ustedes no conocen.
27 "*El es* el que viene después de mí, a quien yo no soy digno de desatar la correa de la sandalia."
28 Estas cosas sucedieron en Betania, al otro lado del Jordán, donde Juan estaba bautizando.
29 Al día siguiente Juan vio a Jesús que venía hacia él, y dijo: "Ahí está el Cordero de Dios que quita el pecado del mundo.
30 "Este es Aquél de quien yo dije: 'Después de mí viene un Hombre que es antes de mí (tiene un rango más elevado que yo) porque era primero que yo.'
31 "Yo no Lo conocía, pero para que El fuera manifestado a Israel, por esto yo vine bautizando en agua."

32 Juan también dio testimonio, diciendo: "He visto al Espíritu que descendía del cielo como paloma, y se posó sobre El.
33 "Yo no Lo conocía, pero el que me envió a bautizar en agua me dijo: 'Aquél sobre quien veas al Espíritu descender y posarse sobre El, Este es el que bautiza en el Espíritu Santo.'
34 "Y yo *Lo* he visto y he dado testimonio de que Este es el Hijo de Dios."
35 Al día siguiente Juan estaba otra vez allí con dos de sus discípulos,
36 y vio a Jesús que pasaba, y dijo: "Ahí está el Cordero de Dios."
37 Y los dos discípulos le oyeron hablar, y siguieron a Jesús.
38 Jesús se volvió, y viendo que Lo seguían, les dijo: "¿Qué buscan?" Y ellos Le dijeron: "Rabí (que traducido quiere decir Maestro), ¿dónde Te hospedas?"
39 "Vengan y verán," les dijo Jesús. Entonces fueron y vieron dónde se hospedaba; y se quedaron con El aquel día, porque eran como las cuatro de la tarde (la hora décima).
40 Uno de los dos que oyeron a Juan y siguieron a Jesús, era Andrés, hermano de Simón Pedro.
41 El encontró primero a su hermano Simón, y le dijo: "Hemos hallado al Mesías" (que traducido quiere decir, Cristo).
42 *Entonces* lo trajo a Jesús. Jesús mirándolo, dijo: "Tú eres Simón, hijo de Juan; tú serás llamado Cefas," que quiere decir Pedro (Piedra).
43 Al día siguiente Jesús se propuso salir para Galilea, y encontró a Felipe, y le dijo: "Sígueme."
44 Felipe era de Betsaida, de la ciudad de Andrés y de Pedro.
45 Felipe encontró a Natanael y le dijo: "Hemos hallado a Aquél de quien escribió Moisés en la Ley, y *también* los Profetas, a Jesús de Nazaret, el hijo de José."
46 Y Natanael le dijo: "¿Puede algo bueno salir de Nazaret?" "Ven, y ve," le dijo Felipe.

47 Jesús vio venir a Natanael y dijo de él: "Ahí tienen a un verdadero Israelita en quien no hay engaño."
48 Natanael Le preguntó: "¿Cómo es que me conoces?". Jesús le respondió: "Antes de que Felipe te llamara, cuando estabas debajo de la higuera, te vi."
49 "Rabí, Tú eres el Hijo de Dios, Tú eres el Rey de Israel," respondió Natanael.
50 Jesús le contestó: "¿Porque te dije que te vi debajo de la higuera, crees? Cosas mayores que éstas verás."
51 También le dijo: "En verdad les digo que verán el cielo abierto y a los ángeles de Dios subiendo y bajando sobre el Hijo del Hombre."

Capítulo 2

1 Al tercer día se celebró una boda en Caná de Galilea, y estaba allí la madre de Jesús;
2 y también Jesús fue invitado a la boda, con Sus discípulos.
3 Cuando se acabó el vino, la madre de Jesús Le dijo: "No tienen vino."
4 Y Jesús le dijo: "Mujer, ¿qué *nos interesa esto* a ti y a Mí? Todavía no ha llegado Mi hora."
5 Su madre dijo a los que servían: "Hagan todo lo que El les diga."
6 Y había allí seis tinajas de piedra, puestas para ser usadas en el rito de la purificación de los Judíos; en cada una cabían dos o tres cántaros (unos 100 litros).
7 Jesús les dijo: "Llenen de agua las tinajas." Y las llenaron hasta el borde.
8 Entonces les dijo: "Saquen ahora *un poco* y llévenlo al mayordomo." Y *se* lo llevaron.
9 El mayordomo probó el agua convertida en vino, sin saber de dónde era, pero los que servían, que habían sacado el agua, lo sabían. Entonces el mayordomo llamó al novio,
10 y le dijo: "Todo hombre sirve primero el vino bueno, y cuando ya han tomado bastante, *entonces* el inferior; *pero* tú has guardado hasta ahora el vino bueno."

11 Este principio de *Sus* señales (milagros) hizo Jesús en Caná de Galilea, y manifestó Su gloria, y Sus discípulos creyeron en El.
12 Después de esto Jesús bajó a Capernaúm con Su madre, *Sus* hermanos y Sus discípulos; pero no se quedaron allí muchos días.
13 La Pascua de los Judíos estaba cerca, y Jesús subió a Jerusalén.
14 En el templo encontró a los que vendían bueyes, ovejas y palomas, y a los que cambiaban dinero *allí* sentados.
15 Y haciendo un látigo de cuerdas, echó a todos fuera del templo, con las ovejas y los bueyes; desparramó las monedas de los que cambiaban el dinero y volcó las mesas.
16 A los que vendían palomas les dijo: "Quiten esto de aquí; no hagan de la casa de Mi Padre una casa de comercio."
17 Sus discípulos se acordaron de que estaba escrito: "EL CELO POR TU CASA ME CONSUMIRA."
18 Entonces los Judíos Le dijeron: "Ya que haces estas cosas, ¿qué señal nos muestras?"
19 Jesús les respondió: "Destruyan este templo, y en tres días lo levantaré."
20 Entonces los Judíos dijeron: "En cuarenta y seis años fue edificado este templo, ¿y Tú lo levantarás en tres días?"
21 Pero El hablaba del templo de Su cuerpo.
22 Por eso, cuando resucitó de los muertos, Sus discípulos se acordaron de que había dicho esto; y creyeron en la Escritura y en la palabra que Jesús había hablado.
23 Cuando Jesús estaba en Jerusalén durante la fiesta de la Pascua, muchos creyeron en Su nombre al ver las señales que hacía.
24 Pero Jesús, en cambio, no se confiaba en ellos, porque los conocía a todos,
25 y no tenía necesidad de que nadie Le diera testimonio del hombre, porque El conocía lo que había en el *interior del* hombre.

Capítulo 3

1 Había un hombre de los Fariseos, llamado Nicodemo, prominente (principal) entre los Judíos.

2 Este vino a Jesús de noche y Le dijo: "Rabí, sabemos que has venido de Dios *como* maestro, porque nadie puede hacer las señales (los milagros) que Tú haces si Dios no está con él."

3 Jesús le contestó: "En verdad te digo que el que no nace de nuevo no puede ver el reino de Dios."

4 Nicodemo Le dijo: "¿Cómo puede un hombre nacer siendo *ya* viejo? ¿Acaso puede entrar por segunda vez en el vientre de su madre y nacer?"

5 Jesús respondió: "En verdad te digo que el que no nace de agua y del Espíritu no puede entrar en el reino de Dios.

6 "Lo que es nacido de la carne, carne es, y lo que es nacido del Espíritu, espíritu es.

7 "No te asombres de que te haya dicho: 'Tienen que nacer de nuevo.'

8 "El viento sopla por donde quiere, y oyes su sonido, pero no sabes de dónde viene ni adónde va; así es todo aquél que es nacido del Espíritu."

9 Nicodemo Le preguntó: "¿Cómo puede ser esto?

10 Jesús le respondió: "Tú eres maestro de Israel, ¿y no entiendes estas cosas?

11 "En verdad te digo que hablamos lo que sabemos y damos testimonio de lo que hemos visto, pero ustedes no reciben nuestro testimonio.

12 "Si les he hablado de las cosas terrenales, y no creen, ¿cómo creerán si les hablo de las celestiales?

13 "Nadie ha subido al cielo, sino Aquél que bajó del cielo, *es decir,* el Hijo del Hombre que está en el cielo.

14 "Y como Moisés levantó la serpiente en el desierto, así es necesario que sea levantado el Hijo del Hombre,

15 para que todo aquél que cree, tenga en El vida eterna.

16 "Porque de tal manera amó Dios al mundo, que dio a Su Hijo unigénito (único), para que todo aquél que cree en El, no se pierda, sino que tenga vida eterna.

17 "Porque Dios no envió a Su Hijo al mundo para juzgar al mundo, sino para que el mundo sea salvo por El.
18 "El que cree en El no es condenado (juzgado); *pero* el que no cree, ya ha sido condenado, porque no ha creído en el nombre del unigénito (único) Hijo de Dios.
19 "Y éste es el juicio: que la Luz vino al mundo, y los hombres amaron más las tinieblas que la Luz, pues sus acciones eran malas.
20 "Porque todo el que hace lo malo odia la Luz, y no viene a la Luz para que sus acciones no sean expuestas.
21 "Pero el que practica la verdad viene a la Luz, para que sus acciones sean manifestadas que han sido hechas en Dios."
22 Después de esto Jesús vino con Sus discípulos a la tierra de Judea, y estaba allí con ellos, y bautizaba.
23 Juan también bautizaba en Enón, cerca de Salim, porque allí había mucha agua; y *muchos* venían y eran bautizados.
24 Porque Juan todavía no había sido puesto en la cárcel.
25 Surgió entonces una discusión entre los discípulos de Juan y un Judío acerca de la purificación.
26 Vinieron a Juan y le dijeron: "Rabí, mira, Aquél que estaba contigo al otro lado del Jordán, de quien diste testimonio, está bautizando y todos van a El."
27 Juan les respondió: "Ningún hombre puede recibir nada si no le es dado del cielo.
28 "Ustedes mismos me son testigos de que dije: 'Yo no soy el Cristo (el Mesías), sino que he sido enviado delante de El.'
29 "El que tiene la novia es el novio, pero el amigo del novio, que está *allí* y le oye, se alegra en gran manera con la voz del novio. *Y* por eso, este gozo mío se ha completado.
30 "Es necesario que El crezca, y que yo disminuya.
31 "El que procede de arriba está por encima de todos; el que es de la tierra, procede de la tierra y de la tierra habla. El que procede del cielo está sobre todos.
32 "Lo que El ha visto y oído, de eso da testimonio; y nadie recibe Su testimonio.

33 "El que ha recibido Su testimonio ha certificado *esto:* que Dios es veraz.
34 "Porque Aquél a quien Dios ha enviado habla las palabras de Dios, pues El da el Espíritu sin medida.
35 "El Padre ama al Hijo y ha entregado todas las cosas en Su mano.
36 "El que cree en el Hijo tiene vida eterna; pero el que no obedece al Hijo no verá la vida, sino que la ira de Dios permanece sobre él."

Capítulo 4

1 Por tanto, cuando el Señor supo que los Fariseos habían oído que El hacía y bautizaba más discípulos que Juan
2 (aunque Jesús mismo no bautizaba, sino Sus discípulos),
3 salió de Judea y se fue otra vez para Galilea.
4 Y El tenía que pasar por Samaria.
5 Llegó, pues, a una ciudad de Samaria llamada Sicar, cerca de la parcela de tierra que Jacob dio a su hijo José;
6 y allí estaba el pozo de Jacob. Entonces Jesús, cansado del camino, se sentó junto al pozo. Era cerca del mediodía.
7 Una mujer de Samaria vino a sacar agua, *y* Jesús le dijo: "Dame de beber."
8 Pues Sus discípulos habían ido a la ciudad a comprar alimentos.
9 Entonces la mujer Samaritana Le dijo: "¿Cómo es que Tú, siendo Judío, me pides de beber a mí, que soy Samaritana?" (Porque los Judíos no tienen tratos con los Samaritanos.)
10 Jesús le respondió: "Si tú conocieras el don de Dios, y quién es el que te dice: 'Dame de beber,' tú Le habrías pedido a El, y El te hubiera dado agua viva."
11 Ella Le dijo: "Señor, no tienes con qué sacarla, y el pozo es hondo; ¿de dónde, pues, tienes esa agua viva?
12 "¿Acaso eres Tú mayor que nuestro padre Jacob, que nos dio el pozo del cual bebió él mismo, y sus hijos, y sus ganados?"

13 Jesús le respondió: "Todo el que beba de esta agua volverá a tener sed,
14 pero el que beba del agua que Yo le daré, no tendrá sed jamás, sino que el agua que Yo le daré se convertirá en él en una fuente de agua que brota para vida eterna."
15 "Señor," Le dijo la mujer, "dame esa agua, para que no tenga sed ni venga hasta aquí a sacar*la*."
16 Jesús le dijo: "Ve, llama a tu marido y ven acá."
17 "No tengo marido," respondió la mujer. Jesús le dijo: "Bien has dicho: 'No tengo marido,'
18 porque cinco maridos has tenido, y el que ahora tienes no es tu marido; en eso has dicho la verdad."
19 La mujer Le dijo: "Señor, me parece que Tú eres profeta.
20 "Nuestros padres adoraron en este monte, y ustedes dicen que en Jerusalén está el lugar donde se debe adorar."
21 Jesús le dijo: "Mujer, cree lo que te digo: la hora viene cuando ni en este monte ni en Jerusalén adorarán ustedes al Padre.
22 "Ustedes adoran lo que no conocen; nosotros adoramos lo que conocemos, porque la salvación viene de los Judíos.
23 "Pero la hora viene, y ahora es, cuando los verdaderos adoradores adorarán al Padre en espíritu y en verdad; porque ciertamente a los tales el Padre busca que Lo adoren.
24 "Dios es espíritu, y los que Lo adoran deben adorar en espíritu y en verdad."
25 La mujer Le dijo: "Sé que el Mesías viene (el que es llamado Cristo); cuando El venga nos declarará todo."
26 Jesús le dijo: "Yo soy, el que habla contigo."
27 En esto llegaron Sus discípulos y se admiraron de que hablara con una mujer, pero ninguno Le preguntó: "¿Qué tratas de averiguar?" o: "¿Por qué hablas con ella?"
28 Entonces la mujer dejó su cántaro, fue a la ciudad y dijo a los hombres:
29 "Vengan, vean a un hombre que me ha dicho todo lo que yo he hecho. ¿No será éste el Cristo (el Mesías)?"

30 Y salieron de la ciudad y fueron adonde El estaba.
31 Mientras tanto, los discípulos Le rogaban: "Rabí (Maestro), come."
32 Pero El les dijo: "Yo tengo para comer una comida que ustedes no saben."
33 Entonces los discípulos se decían entre sí: "¿Le habrá traído alguien de comer?"
34 Jesús les dijo: "Mi comida es hacer la voluntad del que Me envió y llevar a cabo Su obra.
35 "¿No dicen ustedes: 'Todavía faltan cuatro meses, y *después* viene la siega'? Pero Yo les digo: alcen sus ojos y vean los campos que *ya* están blancos para la siega.
36 "Ya el segador recibe salario y recoge fruto para vida eterna, para que el que siembra se regocije junto con el que siega.
37 "Porque en este *caso* el dicho es verdadero: 'Uno es el que siembra y otro el que siega.'
38 "Yo los envié a ustedes a segar lo que no han trabajado; otros han trabajado y ustedes han entrado en su labor."
39 Y de aquella ciudad, muchos de los Samaritanos creyeron en El por la palabra de la mujer que daba testimonio, *diciendo:* "El me dijo todo lo que yo he hecho."
40 De modo que cuando los Samaritanos vinieron, rogaban a Jesús que se quedara con ellos; y El se quedó allí dos días.
41 Muchos más creyeron por Su palabra,
42 y decían a la mujer: "Ya no creemos por lo que tú has dicho, porque nosotros mismos *Le* hemos oído, y sabemos que Este es en verdad el Salvador del mundo."
43 Después de los dos días, Jesús salió de allí para Galilea.
44 Porque Jesús mismo dio testimonio de que a un profeta no se le honra en su propia tierra.
45 Así que cuando llegó a Galilea, los Galileos Lo recibieron, *pues* habían visto todo lo que El hizo en Jerusalén durante la fiesta; porque ellos también habían ido a la fiesta.
46 Entonces vino otra vez Jesús a Caná de Galilea, donde había convertido el agua en vino. Y había *allí* cierto oficial del rey cuyo hijo estaba enfermo en Capernaúm.

47 Cuando él oyó que Jesús había venido de Judea a Galilea, fue a Su encuentro y *Le* suplicaba que bajara y sanara a su hijo, porque estaba al borde de la muerte.
48 Jesús entonces le dijo: "Si ustedes no ven señales (milagros) y prodigios, no creerán."
49 El oficial del rey Le dijo: "Señor, baja antes de que mi hijo muera."
50 "Puedes irte, tu hijo vive," le dijo Jesús. Y el hombre creyó la palabra que Jesús le dijo, y se fue.
51 Y mientras bajaba a su casa, sus siervos le salieron al encuentro y le dijeron que su hijo vivía.
52 Entonces les preguntó a qué hora había empezado a mejorar. Y le respondieron: "Ayer a la una de la tarde (la hora séptima) se le quitó la fiebre."
53 El padre entonces se dio cuenta que *fue* a la hora en que Jesús le dijo: "Tu hijo vive." Y creyó él con toda su casa.
54 Esta *fue* la segunda señal (el segundo milagro) que Jesús hizo cuando fue de Judea a Galilea.

Capítulo 5

1 Después de esto, se celebraba una fiesta de los Judíos, y Jesús subió a Jerusalén.
2 Hay en Jerusalén, junto a la *Puerta* de las Ovejas, un estanque que en Hebreo se llama Betesda que tiene cinco pórticos.
3 En éstos estaba en el suelo una multitud de enfermos, ciegos, cojos y paralíticos que esperaban el movimiento del agua;
4 porque un ángel del Señor descendía de vez en cuando al estanque y agitaba el agua; y el primero que descendía al estanque después del movimiento del agua, quedaba curado de cualquier enfermedad que tuviera.
5 Estaba allí un hombre que hacía treinta y ocho años que estaba enfermo.
6 Cuando Jesús lo vio acostado *allí* y supo que ya llevaba mucho tiempo *en aquella condición,* le dijo: "¿Quieres ser sano?"

7 El enfermo Le respondió: "Señor, no tengo a nadie que me meta en el estanque cuando el agua es agitada; y mientras yo llego, otro baja antes que yo."
8 Jesús le dijo: "Levántate, toma tu camilla y anda."
9 Al instante el hombre quedó sano, y tomó su camilla y comenzó a andar. Pero aquel día era día de reposo.
10 Por eso los Judíos decían al que había sido sanado: "Es día de reposo, y no te es permitido cargar tu camilla."
11 Pero él les respondió: "El mismo que me sanó, me dijo: 'Toma tu camilla y anda.'
12 Le preguntaron: "¿Quién es el hombre que te dijo: 'Toma *tu camilla* y anda'?"
13 Pero el que había sido sanado no sabía quién era, porque Jesús, sin que se dieran cuenta, se había apartado de la multitud que estaba en *aquel* lugar.
14 Después de esto Jesús lo halló en el templo y le dijo: "Mira, has sido sanado; no peques más, para que no te suceda algo peor."
15 El hombre se fue, y dijo a los Judíos que Jesús era el que lo había sanado.
16 A causa de esto los Judíos perseguían a Jesús, porque hacía estas cosas en el día de reposo.
17 Pero Jesús les respondió: "Hasta ahora Mi Padre trabaja, y Yo también trabajo."
18 Entonces, por esta causa, los Judíos aún más procuraban matar a Jesús, porque no sólo violaba el día de reposo, sino que también llamaba a Dios Su propio Padre, haciéndose igual a Dios.
19 Por eso Jesús les decía: "En verdad les digo que el Hijo no puede hacer nada por su cuenta, sino lo que ve hacer al Padre; porque todo lo que hace el Padre, eso también hace el Hijo de igual manera.
20 "Pues el Padre ama al Hijo, y Le muestra todo lo que El mismo hace; y obras mayores que éstas Le mostrará, para que ustedes se queden asombrados.
21 "Porque así como el Padre levanta a los muertos y les da vida, asimismo el Hijo también da vida a los que El quiere.

22 "Porque ni aun el Padre juzga a nadie, sino que todo juicio se lo ha confiado al Hijo,
23 para que todos honren al Hijo así como honran al Padre. El que no honra al Hijo, no honra al Padre que Lo envió.
24 "En verdad les digo: el que oye Mi palabra y cree al que Me envió, tiene vida eterna y no viene a condenación (a juicio), sino que ha pasado de muerte a vida.
25 "En verdad les digo que viene la hora, y ahora es, cuando los muertos oirán la voz del Hijo de Dios, y los que oigan vivirán.
26 "Porque como el Padre tiene vida en El mismo, así también Le dio al Hijo el tener vida en El mismo;
27 y Le dio autoridad para ejecutar juicio, porque El es *el* Hijo del Hombre.
28 "No se queden asombrados de esto, porque viene la hora en que todos los que están en los sepulcros oirán Su voz,
29 y saldrán: los que hicieron lo bueno, a resurrección de vida, y los que practicaron lo malo, a resurrección de juicio.
30 "Yo no puedo hacer nada por iniciativa Mía; como oigo, juzgo, y Mi juicio es justo porque no busco Mi voluntad, sino la voluntad del que Me envió.
31 "Si Yo *solo* doy testimonio de Mí mismo, Mi testimonio no es verdadero.
32 "Otro es el que da testimonio de Mí, y Yo sé que el testimonio que da de Mí es verdadero.
33 "Ustedes han enviado *a preguntar* a Juan, y él ha dado testimonio de la verdad.
34 "Pero el testimonio que Yo recibo no es de hombre; pero digo esto para que ustedes sean salvos.
35 "El era la lámpara que ardía y alumbraba, y ustedes estaban dispuestos a regocijarse por un tiempo en su luz.
36 "Pero el testimonio que Yo tengo es mayor que *el de* Juan; porque las obras que el Padre Me ha dado para llevar a cabo, las mismas obras que Yo hago, dan testimonio de Mí, de que el Padre Me ha enviado.

37 "El Padre que Me envió, El ha dado testimonio de Mí. Pero ustedes no han oído jamás Su voz ni han visto Su apariencia.
38 "Y Su palabra no la tienen morando en ustedes, porque no creen en Aquél que El envió.
39 "Ustedes examinan las Escrituras porque piensan tener en ellas la vida eterna. ¡Y son ellas las que dan testimonio de Mí!
40 Pero ustedes no quieren venir a Mí para que tengan *esa* vida.
41 "Yo no recibo (no acepto) gloria de los hombres;
42 pero a ustedes *ya* los conozco, que no tienen el amor de Dios.
43 "Yo he venido en nombre de Mi Padre y ustedes no Me reciben; si otro viene en su propio nombre, a ése recibirán.
44 "¿Cómo pueden creer, cuando reciben gloria (honor) los unos de los otros, y no buscan la gloria que viene del Dios único?
45 "No piensen que Yo los acusaré delante del Padre; el que los acusa es Moisés, en quien ustedes han puesto su esperanza.
46 "Porque si creyeran a Moisés, me creerían a Mí, porque de Mí escribió él.
47 "Pero si no creen sus escritos, ¿cómo creerán Mis palabras?"

Capítulo 6

1 Después de esto, Jesús se fue al otro lado del mar de Galilea, el de Tiberias.
2 Y una gran multitud Lo seguía, pues veían las señales (los milagros) que realizaba en los enfermos.
3 Entonces Jesús subió al monte y se sentó allí con Sus discípulos.
4 Estaba cerca la Pascua, la fiesta de los Judíos.
5 Cuando Jesús alzó los ojos y vio que una gran multitud venía hacia El, dijo a Felipe: "¿Dónde compraremos pan para que coman éstos?"

6 Pero decía esto para probarlo, porque El sabía lo que iba a hacer.
7 Felipe Le respondió: "Doscientos denarios (salario de 200 días) de pan no les bastarán para que cada uno reciba un pedazo."
8 Uno de Sus discípulos, Andrés, hermano de Simón Pedro, dijo a Jesús:
9 "Aquí hay un muchacho que tiene cinco panes de cebada y dos pescados; pero ¿qué es esto para tantos?"
10 "Hagan que la gente se siente," dijo Jesús. Y había mucha hierba en aquel lugar; así que se sentaron. El número de los hombres era de unos cinco mil.
11 Entonces Jesús tomó los panes, y habiendo dado gracias, *los* repartió a *los* que estaban sentados; y lo mismo *hizo* con los pescados, *dándoles* todo lo que querían.
12 Cuando se saciaron, dijo a Sus discípulos: "Recojan los pedazos que sobran, para que no se pierda nada."
13 Ellos los recogieron, y llenaron doce cestas con los pedazos de los cinco panes de cebada que sobraron a los que habían comido.
14 La gente, entonces, al ver la señal (el milagro) que Jesús había hecho, decían: "Verdaderamente Este es el Profeta que había de venir al mundo."
15 Por lo que Jesús, dándose cuenta de que iban a venir y por la fuerza hacerle rey, se retiró El solo otra vez al monte.
16 Al atardecer Sus discípulos bajaron hasta el mar,
17 y subiendo en una barca, se dirigieron al otro lado del mar, hacia Capernaúm. Ya había oscurecido, y Jesús todavía no había venido adonde ellos estaban;
18 y el mar estaba agitado porque soplaba un fuerte viento.
19 Cuando habían remado unos cuatro o cinco kilómetros, vieron a Jesús caminando sobre el mar y que se acercaba a la barca, y se asustaron.
20 Pero El les dijo: "Soy yo; no teman."
21 Entonces ellos querían recibir a Jesús en la barca, pero la barca llegó enseguida a la tierra adonde iban.

22 Al día siguiente, la multitud que había quedado al otro lado del mar se dio cuenta de que allí no había más que una barca, y que Jesús no había entrado en ella con Sus discípulos, sino que Sus discípulos se habían ido solos.

23 Vinieron otras barcas de Tiberias cerca del lugar donde habían comido el pan después de que el Señor había dado gracias.

24 Por tanto, cuando la gente vio que Jesús no estaba allí, ni tampoco Sus discípulos, subieron a las barcas y se fueron a Capernaúm buscando a Jesús.

25 Cuando Lo hallaron al otro lado del mar, Le dijeron: "Rabí (Maestro), ¿cuándo llegaste acá?"

26 Jesús les respondió: "En verdad les digo, que Me buscan, no porque hayan visto señales (milagros), sino porque han comido de los panes y se han saciado.

27 "Trabajen, no por el alimento que perece, sino por el alimento que permanece para vida eterna, el cual el Hijo del Hombre les dará, porque a El *es a quien* el Padre, Dios, ha marcado con Su sello."

28 Entonces Le preguntaron: "¿Qué debemos hacer para poner en práctica las obras de Dios?"

29 Jesús les respondió: "Esta es la obra de Dios: que crean en el que El ha enviado."

30 Le dijeron entonces: "¿Qué, pues, haces Tú como señal (milagro) para que veamos y Te creamos? ¿Qué obra haces?

31 "Nuestros padres comieron el maná en el desierto, como está escrito: 'LES DIO A COMER PAN DEL CIELO.'"

32 Entonces Jesús les dijo: "En verdad les digo, que no es Moisés el que les ha dado el pan del cielo, sino que es Mi Padre el que les da el verdadero pan del cielo.

33 "Porque el pan de Dios es el que baja del cielo, y da vida al mundo."

34 "Señor, danos siempre este pan," Le dijeron.

35 Jesús les dijo: "Yo soy el pan de la vida; el que viene a Mí no tendrá hambre, y el que cree en Mí nunca tendrá sed.

36 "Pero *ya* les dije que aunque Me han visto, no creen.
37 "Todo lo que el Padre Me da, vendrá a Mí; y al que viene a Mí, de ningún modo lo echaré fuera.
38 "Porque he descendido del cielo, no para hacer Mi voluntad, sino la voluntad del que Me envió.
39 "Y ésta es la voluntad del que Me envió: que de todo lo que El Me ha dado Yo no pierda nada, sino que lo resucite en el día final.
40 "Porque ésta es la voluntad de Mi Padre: que todo aquél que ve al Hijo y cree en El, tenga vida eterna, y Yo mismo lo resucitaré en el día final."
41 Por eso los Judíos murmuraban de El, porque había dicho: "Yo soy el pan que descendió del cielo."
42 Y decían: "¿No es éste Jesús, el hijo de José, cuyo padre y madre nosotros conocemos? ¿Cómo es que ahora dice: 'Yo he descendido del cielo'?"
43 Jesús les dijo: "No murmuren entre sí.
44 "Nadie puede venir a Mí si no lo trae el Padre que Me envió, y Yo lo resucitaré en el día final.
45 "Escrito está en los profetas: 'Y TODOS SERAN ENSEÑADOS POR DIOS.' Todo el que ha oído y aprendido del Padre, viene a Mí.
46 "No es que alguien haya visto al Padre; sino Aquél que viene de Dios, El ha visto al Padre.
47 "En verdad les digo: el que cree, tiene vida eterna.
48 "Yo soy el pan de la vida.
49 "Los padres (antepasados) de ustedes comieron el maná en el desierto, y murieron.
50 "Este es el pan que desciende del cielo, para que el que coma de él, no muera.
51 "Yo soy el pan vivo que descendió del cielo; si alguien come de este pan, vivirá para siempre; y el pan que Yo también daré por la vida del mundo es Mi carne."
52 Los Judíos, por tanto, discutían entre sí, diciendo: "¿Cómo puede Este darnos a comer *Su* carne?"

53 Entonces Jesús les dijo: "En verdad les digo, que si no comen la carne del Hijo del Hombre y beben Su sangre, no tienen vida en ustedes.
54 "El que come Mi carne y bebe Mi sangre, tiene vida eterna, y Yo lo resucitaré en el día final.
55 "Porque Mi carne es verdadera comida, y Mi sangre es verdadera bebida.
56 "El que come Mi carne y bebe Mi sangre, permanece en Mí y Yo en él.
57 "Como el Padre que vive Me envió, y Yo vivo por el Padre, asimismo el que Me come, él también vivirá por Mí.
58 "Este es el pan que descendió del cielo; no como *el que* los padres (antepasados) de ustedes comieron, y murieron; el que come este pan vivirá para siempre."
59 Esto dijo Jesús en la sinagoga, cuando enseñaba en Capernaúm.
60 Por eso muchos de Sus discípulos, cuando oyeron *esto,* dijeron: "Dura es esta declaración; ¿quién puede escucharla?"
61 Pero Jesús, consciente de que Sus discípulos murmuraban por esto, les dijo: "¿Esto los escandaliza (los hace tropezar)?
62 "¿Pues *qué* si vieran al Hijo del Hombre ascender adonde estaba antes?
63 "El Espíritu es el que da vida; la carne para nada aprovecha; las palabras que Yo les he hablado son espíritu y son vida.
64 "Pero hay algunos de ustedes que no creen." Porque Jesús sabía desde el principio quiénes eran los que no creían, y quién era el que Lo iba a traicionar (entregar).
65 También decía: "Por eso les he dicho que nadie puede venir a Mí si no se lo ha concedido el Padre."
66 Como resultado de esto muchos de Sus discípulos se apartaron y ya no andaban con Él.
67 Entonces Jesús dijo a los doce *discípulos* : "¿Acaso también ustedes quieren irse?"
68 Simón Pedro Le respondió: "Señor, ¿a quién iremos? Tú tienes palabras de vida eterna.

69 "Y nosotros hemos creído y sabemos que Tú eres el Santo de Dios."
70 Jesús les respondió: "¿No los escogí Yo a ustedes, los doce, y *sin embargo* uno de ustedes es un diablo?"
71 El se refería a Judas, *hijo* de Simón Iscariote, porque éste, uno de los doce, Lo iba a entregar.

Capítulo 7

1 Después de esto, Jesús andaba por Galilea, pues no deseaba andar por Judea porque los Judíos Lo querían matar.
2 La fiesta de los Judíos, la de los Tabernáculos, estaba cerca.
3 Por eso los hermanos de Jesús Le dijeron: "Sal de aquí, y vete a Judea para que también Tus discípulos vean las obras que Tú haces.
4 "Porque nadie hace nada en secreto cuando procura ser *conocido* en público. Si haces estas cosas, muéstrate al mundo."
5 Porque ni aun Sus hermanos creían en El.
6 Entonces Jesús les dijo: "Mi tiempo aún no ha llegado, pero el tiempo de ustedes es siempre oportuno.
7 "El mundo no puede odiarlos a ustedes, pero Me odia a Mí, porque Yo doy testimonio de él, que sus acciones son malas.
8 "Suban ustedes a la fiesta; Yo no subo a esta fiesta porque Mi tiempo aún no se ha cumplido."
9 Y habiéndoles dicho esto, se quedó en Galilea.
10 Pero cuando Sus hermanos subieron a la fiesta, entonces Jesús también subió; no abiertamente, sino en secreto.
11 Por eso los Judíos Lo buscaban en la fiesta y decían: "¿Dónde está Ese?"
12 Y había mucha murmuración entre la gente acerca de El. Unos decían: "El es bueno." Otros decían: "No, al contrario, extravía a la gente."
13 Sin embargo, nadie hablaba abiertamente de El por miedo a los Judíos.

14 A la mitad de la fiesta, Jesús subió al templo y se puso a enseñar.
15 Entonces los Judíos se maravillaban, diciendo: "¿Cómo puede Este saber de letras sin haber estudiado?"
16 Jesús entonces les respondió: "Mi enseñanza no es Mía, sino del que Me envió.
17 "Si alguno está dispuesto a hacer la voluntad de Dios, sabrá si Mi enseñanza es de Dios o *si* hablo de Mí mismo.
18 "El que habla de sí mismo busca su propia gloria; pero Aquél que busca la gloria del que Lo envió, El es verdadero y no hay injusticia en El.
19 "¿No les dio Moisés la Ley, y *sin embargo* ninguno de ustedes la cumple? ¿Por qué Me quieren matar?"
20 La multitud contestó: "¡Tienes un demonio! ¿Quién Te quiere matar?"
21 Jesús les respondió: "Una sola obra hice y todos se admiran.
22 "Por eso Moisés les ha dado la circuncisión (no porque sea de Moisés, sino de los padres), y en el día de reposo ustedes circuncidan al hombre.
23 "*Y* si para no violar la Ley de Moisés un hombre recibe la circuncisión *aún* en el día de reposo, *¿por qué* están enojados conmigo porque sané por completo a un hombre en el día de reposo?
24 "No juzguen por la apariencia, sino juzguen con juicio justo."
25 Entonces algunos de Jerusalén decían: "¿No es Este al que procuran matar?
26 "Y vean, habla en público y no Le dicen nada. ¿No será que en verdad los gobernantes reconocen que Este es el Cristo (el Mesías)?
27 "Sin embargo, nosotros sabemos de dónde es Este; pero cuando venga el Cristo, nadie sabrá de dónde es."
28 Jesús entonces, mientras enseñaba en el templo, exclamó en alta voz: "Ustedes Me conocen y saben de dónde soy. Yo no he venido por decisión propia, pero Aquél que Me envió es verdadero, a quien ustedes no conocen.

29 "Yo Lo conozco, porque procedo de El, y El Me envió."
30 Procuraban, pues, prender a Jesús; pero nadie Le echó mano porque todavía no había llegado Su hora.
31 Pero muchos de la multitud creyeron en El, y decían: "Cuando el Cristo venga, ¿acaso hará más señales (milagros) que las que Este ha hecho?"
32 Los Fariseos oyeron a la multitud murmurando estas cosas acerca de El. Entonces los principales sacerdotes y los Fariseos enviaron guardias para que Lo prendieran.
33 Pero Jesús dijo: "Por un poco más de tiempo estoy con ustedes; después voy a Aquél que Me envió.
34 "Me buscarán y no Me hallarán; y donde Yo esté, ustedes no pueden ir."
35 Decían entonces los Judíos entre sí: "¿Adónde piensa irse Este que no Lo podamos encontrar? ¿Será acaso que quiere irse a la dispersión entre los Griegos y enseñar a los Griegos?
36 "¿Qué quiere decir esto que ha dicho: 'Me buscarán y no Me hallarán; y donde Yo esté, ustedes no podrán ir'?"
37 En el último día, el gran *día* de la fiesta, Jesús puesto en pie, exclamó en alta voz: "Si alguien tiene sed, que venga a Mí y beba.
38 "El que cree en Mí, como ha dicho la Escritura: 'De lo más profundo de su ser brotarán ríos de agua viva.'"
39 Pero El decía esto del Espíritu, que los que habían creído en El habían de recibir; porque el Espíritu no había *sido dado* todavía, pues Jesús aún no había sido glorificado.
40 Entonces *algunos* de la multitud, cuando oyeron estas palabras, decían: "Verdaderamente Este es el Profeta."
41 Otros decían: "Este es el Cristo (el Mesías)." Pero otros decían: "¿Acaso el Cristo ha de venir de Galilea?
42 "¿No ha dicho la Escritura que el Cristo viene de la descendencia de David, y de Belén (Casa del Pan), la aldea de donde era David?"
43 Así que surgió una división entre la multitud por causa de El.

44 Y algunos de ellos querían prender a Jesús, pero nadie Le echó mano.
45 Entonces los guardias vinieron a los principales sacerdotes y Fariseos, y éstos les dijeron: "¿Por qué no Lo trajeron?"
46 Los guardias respondieron: "¡Jamás hombre alguno ha hablado como este hombre habla!"
47 Entonces los Fariseos les contestaron: "¿Es que también ustedes se han dejado engañar?
48 "¿Acaso ha creído en El alguien de los gobernantes o de los Fariseos?
49 "Pero esta multitud que no conoce de la Ley, maldita es."
50 Nicodemo, el que había venido a Jesús antes, y que era uno de ellos, les dijo:
51 "¿Acaso juzga nuestra Ley a un hombre a menos que le oiga primero y sepa lo que hace?"
52 Ellos le respondieron: "¿Es que tú también eres de Galilea? Investiga, y verás que ningún profeta sale de Galilea."
53 Y cada uno se fue a su casa.

Capítulo 8

1 Pero Jesús se fue al Monte de los Olivos.
2 Al amanecer, vino otra vez al templo, y todo el pueblo venía a El; y sentándose, les enseñaba.
3 Los escribas y los Fariseos trajeron a una mujer sorprendida en adulterio, y poniéndola en medio,
4 dijeron a Jesús: "Maestro, esta mujer ha sido sorprendida en el acto mismo del adulterio.
5 "Y en la Ley, Moisés nos ordenó apedrear a esta clase de mujeres. ¿Tú, pues, qué dices?"
6 Decían esto, poniendo a prueba a Jesús, para tener de qué acusarlo. Pero Jesús se inclinó y con el dedo escribía en la tierra.
7 Pero como insistían en preguntar, Jesús se enderezó y les dijo: "El que de ustedes esté sin pecado, sea *el* primero en tirarle una piedra."
8 E inclinándose de nuevo, escribía en la tierra.

9 Al oír ellos *esto,* se fueron retirando uno a uno comenzando por los de mayor edad, y dejaron solo *a Jesús* y a la mujer que estaba en medio.
10 Enderezándose Jesús, le dijo: "Mujer, ¿dónde están ellos? ¿Ninguno te ha condenado?"
11 "Ninguno, Señor," respondió ella. Entonces Jesús le dijo: "Yo tampoco te condeno. Vete; y desde ahora no peques más."
12 Jesús les habló otra vez, diciendo: "Yo soy la Luz del mundo; el que Me sigue no andará en tinieblas, sino que tendrá la Luz de la vida."
13 Entonces los Fariseos Le dijeron: "Tú das testimonio de Ti mismo; Tu testimonio no es verdadero (válido)."
14 Jesús les respondió: "Aunque Yo doy testimonio de Mí mismo, Mi testimonio es verdadero, porque Yo sé de dónde he venido y adónde voy; pero ustedes no saben de dónde vengo ni adónde voy.
15 "Ustedes juzgan según la carne; Yo no juzgo a nadie.
16 "Pero si Yo juzgo, Mi juicio es verdadero; porque no soy Yo solo, sino Yo y el Padre que Me envió.
17 "Aun en la ley de ustedes está escrito que el testimonio de dos hombres es verdadero.
18 "Yo soy el que doy testimonio de Mí mismo, y el Padre que Me envió da testimonio de Mí."
19 Entonces Le decían: "¿Dónde está Tu Padre?" "Ustedes no Me conocen a Mí ni a Mi Padre," les respondió Jesús. "Si Me conocieran, conocerían también a Mi Padre."
20 Estas palabras las pronunció en el *lugar del* tesoro, cuando enseñaba en el templo; y nadie Lo prendió, porque todavía no había llegado Su hora.
21 Entonces Jesús les dijo de nuevo: "Yo me voy, y Me buscarán, y ustedes morirán en su pecado; adonde Yo voy, ustedes no pueden ir."
22 Por eso los Judíos decían: "¿Acaso se va a suicidar, puesto que dice: 'Adonde Yo voy, ustedes no pueden ir'?"
23 Y Jesús les decía: "Ustedes son de abajo, Yo soy de arriba; ustedes son de este mundo, Yo no soy de este mundo.

24 "Por eso les dije que morirán en sus pecados; porque si no creen que Yo soy, morirán en sus pecados."
25 "¿Tú quién eres?" Le preguntaron. Jesús les contestó: "¿Qué les he estado diciendo *desde* el principio?
26 "Tengo mucho que decir y juzgar de ustedes, pero Aquél que Me envió es veraz; y Yo, las cosas que oí de El, éstas digo al mundo."
27 Ellos no comprendieron que les hablaba del Padre.
28 Por eso Jesús les dijo: "Cuando ustedes levanten al Hijo del Hombre, entonces sabrán que Yo soy y que no hago nada por Mi cuenta, sino que hablo estas cosas como el Padre Me enseñó.
29 "Y Aquél que Me envió está conmigo; no Me ha dejado solo, porque Yo siempre hago lo que Le agrada."
30 Al hablar estas cosas, muchos creyeron en El.
31 Entonces Jesús decía a los Judíos que habían creído en El: "Si ustedes permanecen en Mi palabra, verdaderamente son Mis discípulos;
32 y conocerán la verdad, y la verdad los hará libres."
33 Ellos Le contestaron: "Somos descendientes de Abraham y nunca hemos sido esclavos de nadie. ¿Cómo dices Tú: 'Serán libres'?"
34 Jesús les respondió: "En verdad les digo que todo el que comete pecado es esclavo del pecado;
35 y el esclavo no queda en la casa para siempre; el hijo *sí* permanece para siempre.
36 "Así que, si el Hijo los hace libres, ustedes serán realmente libres.
37 "Sé que ustedes son descendientes de Abraham; y sin embargo, Me quieren matar porque Mi palabra no tiene aceptación en ustedes.
38 "Yo hablo lo que he visto con *Mi* Padre; ustedes, entonces, hacen también lo que oyeron de *su* padre."
39 Ellos Le contestaron: "Abraham es nuestro padre." Jesús les dijo: "Si son hijos de Abraham, hagan las obras de Abraham.

40 "Pero ahora Me quieren matar, a Mí que les he dicho la verdad que oí de Dios. Esto no lo hizo Abraham.
41 "Ustedes hacen las obras de su padre." Ellos Le dijeron: "Nosotros no nacimos de fornicación; tenemos un Padre, *es decir,* Dios."
42 Jesús les dijo: "Si Dios fuera su Padre, Me amarían, porque Yo salí de Dios y vine *de El*, pues no he venido por Mi propia iniciativa, sino que El Me envió.
43 "¿Por qué no entienden lo que digo? Porque no pueden oír Mi palabra.
44 "Ustedes son de *su* padre el diablo y quieren hacer los deseos de su padre. El fue un asesino desde el principio, y no se ha mantenido en la verdad porque no hay verdad en él. Cuando habla mentira, habla de su propia naturaleza, porque es mentiroso y el padre de la mentira.
45 "Pero porque Yo digo la verdad, no Me creen.
46 "¿Quién de ustedes Me prueba *que tengo* pecado? Y si digo verdad, ¿por qué ustedes no Me creen?
47 "El que es de Dios escucha las palabras de Dios; por eso ustedes no escuchan, porque no son de Dios."
48 Los Judíos Le contestaron: "¿No decimos con razón que Tú eres Samaritano y que tienes un demonio?"
49 Jesús respondió: "Yo no tengo ningún demonio, sino que honro a Mi Padre, y ustedes me deshonran a Mí.
50 "Pero Yo no busco Mi gloria; hay Uno que *la* busca, y juzga.
51 "En verdad les digo que si alguien guarda Mi palabra, no verá jamás la muerte."
52 Los Judíos Le dijeron: "Ahora sí sabemos que tienes un demonio. Abraham murió, y *también* los profetas, y Tú dices: 'Si alguien guarda Mi palabra no probará jamás la muerte.'
53 "¿Eres Tú acaso mayor que nuestro padre Abraham que murió? Los profetas también murieron; ¿quién crees que eres?"

54 Jesús respondió: "Si Yo mismo Me glorifico, Mi gloria no es nada; es Mi Padre el que Me glorifica, de quien ustedes dicen: 'El es nuestro Dios.'
55 "Ustedes no Lo han conocido, pero Yo Lo conozco; y si digo que no Lo conozco seré un mentiroso como ustedes; pero *sí* Lo conozco y guardo Su palabra.
56 "Abraham, el padre de ustedes, se regocijó esperando ver Mi día; y *lo* vio y se alegró."
57 Por esto los Judíos Le dijeron: "Aún no tienes cincuenta años, ¿y has visto a Abraham?"
58 Jesús les dijo: "En verdad les digo, que antes que Abraham naciera, Yo soy."
59 Entonces tomaron piedras para tirárselas, pero Jesús se ocultó y salió del templo.

Capítulo 9

1 Al pasar Jesús, vio a un hombre ciego de nacimiento.
2 Y Sus discípulos Le preguntaron: "Rabí (Maestro), ¿quién pecó, éste o sus padres, para que naciera ciego?"
3 Jesús respondió: "Ni éste pecó, ni sus padres; sino *que está ciego* para que las obras de Dios se manifiesten en él.
4 "Nosotros debemos hacer las obras del que Me envió mientras es de día; la noche viene cuando nadie puede trabajar.
5 "Mientras estoy en el mundo, Yo soy la Luz del mundo."
6 Habiendo dicho esto, escupió en tierra, e hizo barro con la saliva y le untó el barro en los ojos al ciego,
7 y le dijo: "Ve *y* lávate en el estanque de Siloé" (que quiere decir Enviado). El ciego fue, pues, y se lavó y regresó viendo.
8 Entonces los vecinos y los que antes lo habían visto que era mendigo, decían: "¿No es éste el que se sentaba y mendigaba?"
9 "El es," decían unos. "No, pero se parece a él," decían otros. El decía: "Yo soy."
10 Entonces le decían: "¿Cómo te fueron abiertos los ojos?"

11 El respondió: "El hombre que se llama Jesús hizo barro, *lo* untó *sobre* mis ojos y me dijo: 'Ve al estanque de Siloé y lávate.' Así que fui, me lavé y recibí la vista."
12 "¿Dónde está El?" le preguntaron. Y él les dijo: "No lo sé."
13 Llevaron ante los Fariseos al que antes había sido ciego.
14 Y era día de reposo el día en que Jesús hizo el barro y le abrió los ojos.
15 Por eso los Fariseos volvieron también a preguntarle cómo había recibido la vista. Y él les dijo: "Me puso barro sobre los ojos, y me lavé y veo."
16 Por eso algunos de los Fariseos decían: "Este hombre no viene de Dios, porque no guarda el día de reposo." Pero otros decían: "¿Cómo puede un hombre pecador hacer tales señales (milagros)?" Y había división entre ellos.
17 Entonces preguntaron otra vez al ciego: "¿Qué dices tú de El, ya que te abrió los ojos?" "Es un profeta," les respondió.
18 Pero los Judíos no le creyeron que había sido ciego, y que había recibido la vista, hasta que llamaron a los padres del que había recibido la vista,
19 y les preguntaron: "¿Es éste su hijo, el que ustedes dicen que nació ciego? ¿Cómo es que ahora ve?"
20 Entonces sus padres les contestaron: "Sabemos que éste es nuestro hijo, y que nació ciego;
21 pero cómo es que ahora ve, no lo sabemos; o quién le abrió los ojos, nosotros no lo sabemos. Pregúntenle a él; ya es mayor de edad, él hablará por sí mismo."
22 Sus padres dijeron esto porque tenían miedo a los Judíos; porque los Judíos ya se habían puesto de acuerdo en que si alguien confesaba que Jesús era el Cristo (el Mesías), fuera expulsado de la sinagoga.
23 Por eso sus padres dijeron: "Ya es mayor de edad; pregúntenle a él."
24 Por segunda vez los Judíos llamaron al hombre que había sido ciego y le dijeron: "Da gloria a Dios; nosotros sabemos que este hombre es un pecador."
25 Entonces él les contestó: "Si es pecador, no lo sé; una cosa sé: que yo era ciego y ahora veo."

26 Ellos volvieron a preguntarle: "¿Qué te hizo? ¿Cómo te abrió los ojos?"
27 El les contestó: "Ya les dije y no escucharon; ¿por qué quieren oír*lo* otra vez? ¿Es que también ustedes quieren hacerse discípulos suyos?"
28 Entonces lo insultaron, y le dijeron: "Tú eres discípulo de ese *hombre;* pero nosotros somos discípulos de Moisés.
29 "Nosotros sabemos que Dios habló a Moisés, pero en cuanto a Este, no sabemos de dónde es."
30 El hombre les respondió: "Pues en esto hay algo asombroso, que ustedes no sepan de dónde es, y *sin embargo,* a mí me abrió los ojos.
31 "Sabemos que Dios no oye a los pecadores; pero si alguien teme a Dios y hace Su voluntad, a éste oye.
32 "Desde el principio jamás se ha oído *decir* que alguien abriera los ojos a un ciego de nacimiento.
33 "Si Este no viniera de Dios, no podría hacer nada."
34 Ellos le respondieron: "Tú naciste enteramente en pecados, ¿y tú nos enseñas a nosotros?" Y lo echaron fuera.
35 Jesús oyó decir que lo habían echado fuera, y cuando lo encontró, *le* dijo: "¿Crees tú en el Hijo del Hombre?"
36 El le respondió: "¿Y quién es, Señor, para que yo crea en El?"
37 Jesús le dijo: "Pues tú Lo has visto, y el que está hablando contigo, Ese es."
38 El entonces dijo: "Creo, Señor." Y Lo adoró.
39 Y Jesús dijo: "Yo vine a este mundo para juicio; para que los que no ven, vean, y para que los que ven se vuelvan ciegos."
40 *Algunos* de los Fariseos que estaban con El oyeron esto y Le dijeron: "¿Acaso nosotros también somos ciegos?"
41 Jesús les dijo: "Si ustedes fueran ciegos, no tendrían pecado; pero ahora, *porque* dicen: 'Vemos,' su pecado permanece.

Capítulo 10

1 "En verdad les digo, que el que no entra por la puerta en el redil de las ovejas, sino que sube por otra parte, ése es ladrón y salteador.
2 "Pero el que entra por la puerta, es el pastor de las ovejas.
3 "A éste le abre el portero, y las ovejas oyen su voz; llama a sus ovejas por nombre y las conduce afuera.
4 "Cuando saca todas las suyas, va delante de ellas, y las ovejas lo siguen porque conocen su voz.
5 "Pero a un desconocido no seguirán, sino que huirán de él, porque no conocen la voz de los extraños."
6 Jesús les habló *por medio de* esta comparación (ilustración), pero ellos no entendieron qué era lo que les decía.
7 Entonces Jesús les dijo de nuevo: "En verdad les digo: Yo soy la puerta de las ovejas.
8 "Todos los que vinieron antes de Mí son ladrones y salteadores, pero las ovejas no les hicieron caso.
9 "Yo soy la puerta; si alguno entra por Mí, será salvo; y entrará y saldrá y hallará pasto.
10 "El ladrón sólo viene para robar, matar y destruir. Yo he venido para que tengan vida, y para que *la* tengan *en* abundancia.
11 "Yo soy el buen pastor; el buen pastor da Su vida por las ovejas.
12 "*Pero* el que es un asalariado y no un pastor, que no es el dueño de las ovejas, ve venir al lobo, abandona las ovejas y huye, entonces el lobo las arrebata y *las* dispersa.
13 "*El asalariado huye* porque *sólo* trabaja por el pago y no le importan las ovejas.
14 "Yo soy el buen pastor, y conozco Mis ovejas y ellas Me conocen,
15 al igual que el Padre Me conoce y Yo conozco al Padre, y doy Mi vida por las ovejas.
16 "Tengo otras ovejas que no son de este redil; a ésas también Yo debo traerlas, y oirán Mi voz, y serán un rebaño *con* un solo pastor.

17 "Por eso el Padre Me ama, porque Yo doy Mi vida para tomarla de nuevo.
18 "Nadie Me la quita, sino que Yo la doy de Mi propia voluntad. Tengo autoridad para darla, y tengo autoridad para tomarla de nuevo. Este mandamiento recibí de Mi Padre."
19 Volvió a surgir una división entre los Judíos por estas palabras.
20 Y muchos de ellos decían: "Tiene un demonio y está loco. ¿Por qué Le hacen caso?"
21 Otros decían: "Estas no son palabras de un endemoniado. ¿Puede acaso un demonio abrir los ojos de los ciegos?"
22 En esos días se celebraba en Jerusalén la fiesta de la Dedicación.
23 Era invierno, y Jesús andaba por el templo, en el pórtico de Salomón.
24 Entonces los Judíos Lo rodearon, y Le decían: "¿Hasta cuándo nos vas a tener en suspenso? Si Tú eres el Cristo (el Mesías), dínoslo claramente."
25 Jesús les respondió: "Se lo he dicho a ustedes y no creen; las obras que Yo hago en el nombre de Mi Padre, éstas dan testimonio de Mí.
26 "Pero ustedes no creen porque no son de Mis ovejas.
27 "Mis ovejas oyen Mi voz; Yo las conozco y Me siguen.
28 "Yo les doy vida eterna y jamás perecerán, y nadie las arrebatará de Mi mano.
29 "Mi Padre que Me *las* dio es mayor que todos, y nadie *las* puede arrebatar de la mano del Padre.
30 "Yo y el Padre somos uno."
31 Los Judíos volvieron a tomar piedras para tirárselas.
32 Entonces Jesús les dijo: "Les he mostrado muchas obras buenas *que son* del Padre. ¿Por cuál de ellas Me apedrean?"
33 Los Judíos Le contestaron: "No Te apedreamos por ninguna obra buena, sino por blasfemia; y porque Tú, siendo hombre, te haces Dios."

34 Jesús les respondió: "¿No está escrito en su Ley: 'YO DIJE: SON DIOSES'?
35 "Si a aquéllos, a quienes vino la palabra de Dios, los llamó dioses, (y la Escritura no se puede violar),
36 ¿a quien el Padre santificó y envió al mundo, ustedes dicen: 'Blasfemas,' porque dije: 'Yo soy el Hijo de Dios'?
37 "Si no hago las obras de Mi Padre, no Me crean;
38 pero si las hago, aunque a Mí no Me crean, crean a las obras; para que sepan y entiendan que el Padre está en Mí y Yo en el Padre."
39 Por eso procuraban otra vez prender a Jesús, pero El se les escapó de entre las manos.
40 Se fue de nuevo al otro lado del Jordán, al lugar donde primero había estado bautizando Juan, y se quedó allí.
41 Muchos vinieron a El y decían: "Aunque Juan no hizo ninguna señal, sin embargo, todo lo que Juan dijo de Este era verdad."
42 Y muchos creyeron allí en Jesús.

Capítulo 11

1 Estaba enfermo cierto *hombre llamado* Lázaro, de Betania, la aldea de María y de su hermana Marta.
2 María, cuyo hermano Lázaro estaba enfermo, fue la que ungió al Señor con perfume y Le secó los pies con sus cabellos.
3 Las hermanas entonces mandaron a decir a Jesús: "Señor, el que Tú amas está enfermo."
4 Cuando Jesús *lo* oyó, dijo: "Esta enfermedad no es para muerte, sino para la gloria de Dios, para que el Hijo de Dios sea glorificado por medio de ella."
5 Y Jesús amaba a Marta, a su hermana y a Lázaro.
6 Cuando oyó, pues, que *Lázaro* estaba enfermo, entonces se quedó dos días *más* en el lugar donde estaba.
7 Luego, después de esto, dijo a Sus discípulos: "Vamos de nuevo a Judea."
8 Los discípulos Le dijeron: "Rabí (Maestro), hace poco que los Judíos Te querían apedrear, ¿y vas allá otra vez?"

9 Jesús respondió: "¿No hay doce horas en el día? Si alguien anda de día no tropieza, porque ve la luz de este mundo.
10 "Pero si alguien anda de noche, tropieza, porque la luz no está en él."
11 Dijo esto, y después añadió: "Nuestro amigo Lázaro se ha dormido; pero voy a despertarlo."
12 Los discípulos entonces Le dijeron: "Señor, si se ha dormido, se recuperará".
13 Jesús había hablado de la muerte de Lázaro, pero ellos creyeron que hablaba literalmente del sueño.
14 Entonces Jesús, por eso, les dijo claramente: "Lázaro ha muerto;
15 y por causa de ustedes me alegro de no haber estado allí, para que crean; pero vamos a *donde está* él."
16 Tomás, llamado el Dídimo (el Gemelo), dijo entonces a *sus* condiscípulos: "Vamos nosotros también para morir con El."
17 Llegó, pues, Jesús y halló que ya hacía cuatro días que Lázaro estaba en el sepulcro.
18 Betania estaba cerca de Jerusalén, como a tres kilómetros;
19 y muchos de los Judíos habían venido a *la casa de* Marta y María, para consolarlas por *la muerte de su* hermano.
20 Entonces Marta, cuando oyó que Jesús venía, Lo fue a recibir, pero María se quedó sentada en casa.
21 Y Marta dijo a Jesús: "Señor, si hubieras estado aquí, mi hermano no habría muerto.
22 "Aun ahora, yo sé que todo lo que pidas a Dios, Dios Te lo concederá."
23 "Tu hermano resucitará," le dijo Jesús.
24 Marta Le contestó: "Yo sé que resucitará en la resurrección, en el día final."
25 Jesús le contestó: "Yo soy la resurrección y la vida; el que cree en Mí, aunque muera, vivirá,
26 y todo el que vive y cree en Mí, no morirá jamás. ¿Crees esto?"
27 Ella Le dijo: "Sí, Señor; yo he creído que Tú eres el Cristo (el Mesías), el Hijo de Dios, *o sea,* el que viene al mundo."

28 Habiendo dicho esto, Marta se fue y llamó a su hermana María, diciéndole en secreto: "El Maestro está aquí, y te llama."

29 Tan pronto como ella *lo* oyó, se levantó rápidamente y fue hacia El.

30 Porque Jesús aún no había entrado en la aldea, sino que todavía estaba en el lugar donde Marta Lo había encontrado.

31 Entonces los Judíos que estaban con ella en la casa consolándola, cuando vieron que María se levantó de prisa y salió, la siguieron, suponiendo que iba al sepulcro a llorar allí.

32 Al llegar María adonde estaba Jesús, cuando Lo vio, se arrojó a Sus pies, diciendo: "Señor, si hubieras estado aquí, mi hermano no habría muerto."

33 Y cuando Jesús la vio llorando, y a los Judíos que vinieron con ella llorando también, se conmovió profundamente en el espíritu, y se entristeció.

34 "¿Dónde lo pusieron?" preguntó Jesús. "Señor, ven y ve," Le dijeron.

35 Jesús lloró.

36 Por eso los Judíos decían: "Miren, cómo lo amaba."

37 Pero algunos de ellos dijeron: "¿No podía Este, que abrió los ojos del ciego, haber evitado también que *Lázaro* muriera?"

38 Entonces Jesús, de nuevo profundamente conmovido, fue al sepulcro. Era una cueva, y tenía una piedra puesta sobre ella.

39 "Quiten la piedra," dijo Jesús. Marta, hermana del que había muerto, Le dijo: "Señor, ya huele mal, porque hace cuatro días *que murió*."

40 Jesús le dijo: "¿No te dije que si crees, verás la gloria de Dios?"

41 Entonces quitaron la piedra. Jesús alzó los ojos, y dijo: "Padre, Te doy gracias porque Me has oído.

42 "Yo sabía que siempre Me oyes; pero Lo dije por causa de la multitud que *Me* rodea, para que crean que Tú Me has enviado."

43 Habiendo dicho esto, gritó con fuerte voz: "¡Lázaro, sal fuera!"
44 Y el que había muerto salió, los pies y las manos atados con vendas, y el rostro envuelto en un sudario. Jesús les dijo: "Desátenlo, y déjenlo ir."
45 Por esto muchos de los Judíos que habían venido *a ver* a María, y vieron lo que Jesús había hecho, creyeron en El.
46 Pero algunos de ellos fueron a los Fariseos y les contaron lo que Jesús había hecho.
47 Entonces los principales sacerdotes y los Fariseos convocaron un concilio, y decían: "¿Qué hacemos? Porque este hombre hace muchas señales (muchos milagros).
48 "Si Lo dejamos *seguir* así, todos van a creer en El, y los Romanos vendrán y nos quitarán nuestro lugar (el templo) y nuestra nación."
49 Pero uno de ellos, Caifás, que era sumo sacerdote ese año, les dijo: "Ustedes no saben nada,
50 ni tienen en cuenta que les es más conveniente que un hombre muera por el pueblo, y no que toda la nación perezca."
51 Ahora bien, no dijo esto de su propia iniciativa, sino que siendo el sumo sacerdote ese año, profetizó que Jesús iba a morir por la nación;
52 y no sólo por la nación, sino también para reunir en uno a los hijos de Dios que están esparcidos.
53 Así que, desde ese día planearon entre sí matar a Jesús.
54 Por eso Jesús ya no andaba públicamente entre los Judíos, sino que se fue de allí a la región cerca del desierto, a una ciudad llamada Efraín; y se quedó allí con los discípulos.
55 Estaba cerca la Pascua de los Judíos, y muchos de la región subieron a Jerusalén antes de la Pascua para purificarse.
56 Entonces buscaban a Jesús, y estando ellos en el templo, se decían unos a otros: "¿Qué les parece? ¿Que vendrá a la fiesta o no?"
57 Y los principales sacerdotes y los Fariseos habían dado órdenes de que si alguien sabía dónde estaba Jesús, diera aviso para que Lo prendieran.

Capítulo 12

1   Entonces Jesús, seis días antes de la Pascua, vino a Betania donde estaba Lázaro, al que Jesús había resucitado de entre los muertos.
2   Y Le hicieron una cena allí, y Marta servía; pero Lázaro era uno de los que estaban *a la mesa* con El.
3   Entonces María, tomando unos 300 gramos de perfume de nardo puro que costaba mucho, ungió los pies de Jesús, y se los secó con los cabellos, y la casa se llenó con la fragancia del perfume.
4   Y Judas Iscariote, uno de Sus discípulos, el que Lo iba a entregar (traicionar), dijo:
5   "¿Por qué no se vendió este perfume por 300 denarios (salario de 300 días) y se dio a los pobres?"
6   Pero dijo esto, no porque se preocupara por los pobres, sino porque era un ladrón, y como tenía la bolsa del dinero, sustraía de lo que se echaba en ella.
7   Entonces Jesús dijo: "Déjala, para que lo guarde para el día de Mi sepultura.
8   "Porque a los pobres siempre los tendrán con ustedes; pero a Mí no siempre Me tendrán."
9   Entonces la gran multitud de Judíos se enteró de que Jesús estaba allí; y vinieron no sólo por causa de Jesús, sino también por ver a Lázaro, a quien había resucitado de entre los muertos.
10 Pero los principales sacerdotes resolvieron matar también a Lázaro;
11 porque por causa de él muchos de los Judíos se apartaban y creían en Jesús.
12 Al día siguiente, cuando la gran multitud que había venido a la fiesta, oyó que Jesús venía a Jerusalén,
13 tomaron hojas de las palmas y salieron a recibir a Jesús, y gritaban: "¡Hosanna! BENDITO EL QUE VIENE EN EL NOMBRE DEL SEÑOR, el Rey de Israel."
14 Jesús, hallando un asnillo, se montó en él; como está escrito:

15 "NO TEMAS, MIRA, SION; HE AQUI, TU REY VIENE, MONTADO EN UN POLLINO DE ASNA."
16 Sus discípulos no entendieron esto al principio, pero *después*, cuando Jesús fue glorificado, entonces se acordaron de que esto se había escrito de El, y de que Le habían hecho estas cosas.
17 Y así, la multitud que estaba con Jesús cuando llamó a Lázaro del sepulcro y lo resucitó de entre los muertos, daba testimonio *de El*.
18 Por eso la multitud fue también a recibir a Jesús, porque habían oído que El había hecho esta señal (este milagro).
19 Entonces los Fariseos se decían unos a otros: "¿Ven que ustedes no consiguen nada? Miren, *todo* el mundo se ha ido tras El."
20 Había unos Griegos entre los que subían a adorar en la fiesta;
21 éstos fueron a Felipe, que era de Betsaida de Galilea, y le rogaban: "Señor, queremos ver a Jesús."
22 Felipe fue y se lo dijo a Andrés; Andrés y Felipe fueron y se lo dijeron a Jesús.
23 Jesús les respondió: "Ha llegado la hora para que el Hijo del Hombre sea glorificado.
24 "En verdad les digo que si el grano de trigo no cae en tierra y muere, queda él solo; pero si muere, produce mucho fruto.
25 "El que ama su vida (alma) la pierde; y el que aborrece su vida (alma) en este mundo, la conservará para vida eterna.
26 "Si alguien Me sirve, que Me siga; y donde Yo estoy, allí también estará Mi servidor; si alguien Me sirve, el Padre lo honrará.
27 "Ahora Mi alma se ha angustiado; y ¿qué diré: 'Padre, sálvame de esta hora'? Pero para esto he llegado a esta hora.
28 "Padre, glorifica Tu nombre." Entonces vino una voz del cielo: "Y *Lo* he glorificado, y de nuevo *Lo* glorificaré."

29 Por eso la multitud que estaba *allí* y oyó *la voz*, decía que había sido un trueno; otros decían: "Un ángel Le ha hablado."
30 Jesús les dijo: "Esta voz no ha venido por causa Mía, sino por causa de ustedes.
31 "Ya está aquí el juicio de este mundo; ahora el príncipe de este mundo será echado fuera.
32 "Pero Yo, si soy levantado de la tierra, atraeré a todos a Mí mismo."
33 Pero El decía esto para indicar la clase de muerte que iba a morir.
34 Entonces la multitud Le respondió: "Hemos oído en la Ley que el Cristo (el Mesías) permanecerá para siempre; ¿y cómo dices Tú: 'El Hijo del Hombre tiene que ser levantado'? ¿Quién es este Hijo del Hombre?"
35 Jesús entonces les dijo: "Todavía, por un poco de tiempo, la Luz estará entre ustedes. Caminen mientras tengan la Luz, para que no los sorprendan las tinieblas; el que anda en la oscuridad no sabe adónde va.
36 "Mientras tienen la Luz, crean en la Luz, para que sean hijos de la Luz." **E**stas cosas habló Jesús, y se fue y se ocultó de ellos.
37 Pero aunque había hecho tantas señales delante de ellos, no creían en El,
38 para que se cumpliera la palabra del profeta Isaías, que dijo: "SEÑOR, ¿QUIEN HA CREIDO A NUESTRO ANUNCIO? ¿Y A QUIEN SE HA REVELADO EL BRAZO DEL SEÑOR?"
39 Por eso no podían creer, porque Isaías dijo también:
40 "EL HA CEGADO SUS OJOS Y ENDURECIDO SU CORAZON, PARA QUE NO VEAN CON LOS OJOS Y ENTIENDAN CON EL CORAZON, Y SE CONVIERTAN Y YO LOS SANE."
41 Esto dijo Isaías porque vio Su gloria, y habló de El.
42 Sin embargo, muchos, aun de los gobernantes, creyeron en El, pero por causa de los Fariseos no lo confesaban, para no ser expulsados de la sinagoga.

43 Porque amaban más el reconocimiento de los hombres que el reconocimiento de Dios.
44 Entonces Jesús exclamó: "El que cree en Mí, no cree en Mí, sino en Aquél que Me ha enviado.
45 "Y el que Me ve, ve a Aquél que Me ha enviado.
46 "Yo, la Luz, he venido al mundo, para que todo el que cree en Mí no permanezca en tinieblas.
47 "Si alguno oye Mis palabras y no las guarda, Yo no lo juzgo; porque no vine a juzgar al mundo, sino a salvar al mundo.
48 "El que Me rechaza y no recibe Mis palabras, tiene quien lo juzgue; la palabra que he hablado, ésa lo juzgará en el día final.
49 "Porque Yo no he hablado por Mi propia cuenta, sino que el Padre mismo que Me ha enviado Me ha dado mandamiento *sobre* lo que he de decir y lo que he de hablar.
50 "Y sé que Su mandamiento es vida eterna; por eso lo que Yo hablo, lo hablo tal como el Padre Me lo ha dicho."

Capítulo 13

1 Antes de la fiesta de la Pascua, sabiendo Jesús que Su hora había llegado para pasar de este mundo al Padre, habiendo amado a los Suyos que estaban en el mundo, los amó hasta el fin.
2 Y durante la cena, como ya el diablo había puesto en el corazón de Judas Iscariote, *hijo* de Simón, el que Lo entregara,
3 Jesús, sabiendo que el Padre había puesto todas las cosas en Sus manos, y que de Dios había salido y a Dios volvía,
4 se levantó de la cena y se quitó el manto, y tomando una toalla, se la ciñó.
5 Luego echó agua en una vasija, y comenzó a lavar los pies de los discípulos y a secárselos con la toalla que tenía ceñida.
6 Cuando llegó a Simón Pedro, éste Le dijo: "Señor, ¿Tú me vas a lavar a mí los pies?"

7 Jesús le respondió: "Ahora tú no comprendes lo que Yo hago, pero lo entenderás después."
8 "¡Jamás me lavarás los pies!" Le dijo Pedro. "Si no te lavo, no tienes parte conmigo," le respondió Jesús.
9 Simón Pedro Le dijo: "Señor, *entonces* no sólo los pies, sino también las manos y la cabeza."
10 Jesús le dijo: "El que se ha bañado no necesita lavarse, excepto los pies, pues está todo limpio; y ustedes están limpios, pero no todos."
11 Porque sabía quién Lo iba a entregar; por eso dijo: "No todos están limpios."
12 Entonces, cuando acabó de lavarles los pies, tomó Su manto, y sentándose *a la mesa* otra vez, les dijo: "¿Saben lo que les he hecho?
13 "Ustedes Me llaman Maestro y Señor; y tienen razón, porque Lo soy.
14 "Pues si Yo, el Señor y el Maestro, les lavé los pies, ustedes también deben lavarse los pies unos a otros.
15 "Porque les he dado ejemplo, para que como Yo les he hecho, también ustedes lo hagan.
16 "En verdad les digo, que un siervo no es mayor que su señor, ni un enviado es mayor que el que lo envió.
17 "Si saben esto, serán felices si lo practican."
18 "No hablo de todos ustedes. Yo conozco a los que he escogido; pero *es* para que se cumpla la Escritura: 'EL QUE COME MI PAN HA LEVANTADO CONTRA MI SU TALON.'
19 "Se lo digo desde ahora, antes de que pase, para que cuando suceda, crean que Yo soy.
20 "En verdad les digo, que el que recibe al que Yo envíe, Me recibe a Mí; y el que Me recibe a Mí, recibe a Aquél que Me envió."
21 Habiendo dicho Jesús esto, se angustió en espíritu, y testificó y dijo: "En verdad les digo que uno de ustedes Me entregará."
22 Los discípulos se miraban unos a otros, y estaban perplejos *sin saber* de quién hablaba.

23 Uno de Sus discípulos, el que Jesús amaba, estaba *a la mesa* reclinado en el pecho de Jesús.
24 Por eso Simón Pedro le hizo señas, y le dijo: "Di*nos* de quién habla."
25 Entonces él, recostándose de nuevo sobre el pecho de Jesús, Le dijo: "Señor, ¿quién es?"
26 Entonces Jesús respondió: "Es aquél a quien Yo le dé el pedazo de pan que voy a mojar." Y después de mojar el pedazo de pan, lo tomó y se lo dio a Judas, *hijo* de Simón Iscariote.
27 Y después *de comer* el pan, Satanás entró en él. Entonces Jesús le dijo: "Lo que vas a hacer, hazlo pronto."
28 Pero ninguno de los que estaban sentados *a la mesa* entendió por qué le dijo esto.
29 Porque algunos pensaban que como Judas tenía la bolsa del dinero, Jesús le decía: "Compra lo que necesitamos para la fiesta," o que diera algo a los pobres.
30 Y Judas, después de recibir el bocado, salió inmediatamente; y *ya* era de noche.
31 Entonces, cuando salió, Jesús dijo: "Ahora es glorificado el Hijo del Hombre, y Dios es glorificado en El.
32 "Si Dios es glorificado en El, Dios también Lo glorificará en El mismo, y Lo glorificará enseguida.
33 "Hijitos, estaré con ustedes un poco más de tiempo. Me buscarán, y como dije a los Judíos, ahora también les digo a ustedes: 'adonde Yo voy, ustedes no pueden ir.'
34 "Un mandamiento nuevo les doy: 'que se amen los unos a los otros;' que como Yo los he amado, así también se amen los unos a los otros.
35 "En esto conocerán todos que son Mis discípulos, si se tienen amor los unos a los otros."
36 "Señor, ¿adónde vas?" Le preguntó Simón Pedro. Jesús respondió: "Adonde Yo voy, tú no Me puedes seguir ahora, pero Me seguirás después."
37 Pedro Le dijo: "Señor, ¿por qué no Te puedo seguir ahora mismo? ¡Yo daré mi vida por Ti!"

38 Jesús *le* respondió: "¿Tu vida darás por Mí? En verdad te digo, que no cantará el gallo sin que antes Me hayas negado tres veces.

Capítulo 14

1 "No se turbe su corazón; crean en Dios, crean también en Mí.
2 "En la casa de Mi Padre hay muchas moradas; si no *fuera así,* se lo hubiera dicho; porque voy a preparar un lugar para ustedes.
3 "Y si me voy y les preparo un lugar, vendré otra vez y los tomaré adonde Yo voy; para que donde Yo esté, *allí* estén ustedes también.
4 "Y conocen el camino adonde voy."
5 "Señor, *si* no sabemos adónde vas, ¿cómo vamos a conocer el camino?" Le dijo Tomás.
6 Jesús le dijo: "Yo soy el camino, la verdad y la vida; nadie viene al Padre sino por Mí.
7 "Si ustedes Me hubieran conocido, también hubieran conocido a Mi Padre; desde ahora Lo conocen y Lo han visto."
8 "Señor, muéstranos al Padre y nos basta," Le dijo Felipe.
9 Jesús le dijo: "¿Tanto tiempo he estado con ustedes, y *todavía* no Me conoces, Felipe? El que Me ha visto a Mí, ha visto al Padre. ¿Cómo dices tú: 'Muéstranos al Padre'?
10 "¿No crees que Yo estoy en el Padre y el Padre en Mí? Las palabras que Yo les digo, no las hablo por Mi propia cuenta, sino que el Padre que mora en Mí es el que hace las obras.
11 "Créanme que Yo estoy en el Padre y el Padre en Mí; y si no, crean por las obras mismas.
12 "En verdad les digo: el que cree en Mí, las obras que Yo hago, él las hará también; y aun mayores que éstas hará, porque Yo voy al Padre.
13 "Y todo lo que pidan en Mi nombre, lo haré, para que el Padre sea glorificado en el Hijo.
14 "Si Me piden algo en Mi nombre, Yo *lo* haré.

15 "Si ustedes Me aman, guardarán Mis mandamientos.
16 "Entonces Yo rogaré al Padre, y El les dará otro Consolador (Intercesor) para que esté con ustedes para siempre;
17 *es decir,* el Espíritu de verdad, a quien el mundo no puede recibir, porque ni Lo ve ni Lo conoce, *pero* ustedes sí Lo conocen porque mora con ustedes y estará en ustedes.
18 "No los dejaré huérfanos; vendré a ustedes.
19 "Un poco más de tiempo y el mundo no Me verá más, pero ustedes Me verán; porque Yo vivo, ustedes también vivirán.
20 "En ese día conocerán que Yo estoy en Mi Padre, y ustedes en Mí y Yo en ustedes.
21 "El que tiene Mis mandamientos y los guarda, ése es el que Me ama; y el que Me ama será amado por Mi Padre; y Yo lo amaré y Me manifestaré a él."
22 Judas (no el Iscariote) Le dijo: "Señor, ¿y qué ha pasado que Te vas a manifestar a nosotros y no al mundo?"
23 Jesús le respondió: "Si alguien Me ama, guardará Mi palabra; y Mi Padre lo amará, y vendremos a él, y haremos con él morada.
24 "El que no Me ama, no guarda Mis palabras; y la palabra que ustedes oyen no es Mía, sino del Padre que Me envió.
25 "Estas cosas les he dicho estando con ustedes.
26 "Pero el Consolador (Intercesor), el Espíritu Santo, a quien el Padre enviará en Mi nombre, El les enseñará todas las cosas, y les recordará todo lo que les he dicho.
27 "La paz les dejo, Mi paz les doy; no se la doy a ustedes como el mundo la da. No se turbe su corazón ni tenga miedo.
28 "Oyeron que les dije: 'Me voy, y vendré a ustedes.' Si Me amaran, se regocijarían, porque voy al Padre, ya que el Padre es mayor que Yo.
29 "Y se lo he dicho ahora, antes que suceda, para que cuando suceda, crean.
30 "No hablaré mucho más con ustedes, porque viene el príncipe (gobernante) de este mundo, y él no tiene nada en Mí;
31 pero para que el mundo sepa que Yo amo al Padre, y como el Padre Me mandó, así hago. Levántense, vámonos de aquí.

Capítulo 15

1 "Yo soy la vid verdadera, y Mi Padre es el viñador.
2 "Todo sarmiento que en Mí no da fruto, lo quita; y todo *el* que da fruto, lo poda para que dé más fruto.
3 "Ustedes ya están limpios por la palabra que les he hablado.
4 "Permanezcan en Mí, y Yo en ustedes. Como el sarmiento no puede dar fruto por sí mismo si no permanece en la vid, así tampoco ustedes si no permanecen en Mí.
5 "Yo soy la vid, ustedes los sarmientos; el que permanece en Mí y Yo en él, ése da mucho fruto, porque separados de Mí nada pueden hacer.
6 "Si alguien no permanece en Mí, es echado fuera como un sarmiento y se seca; y los recogen, los echan al fuego y se queman.
7 "Si permanecen en Mí, y Mis palabras permanecen en ustedes, pidan lo que quieran y les será hecho.
8 "En esto es glorificado Mi Padre, en que den mucho fruto, y *así* prueben que son Mis discípulos.
9 "Como el Padre Me ha amado, *así* también Yo los he amado; permanezcan en Mi amor.
10 "Si guardan Mis mandamientos, permanecerán en Mi amor, así como Yo he guardado los mandamientos de Mi Padre y permanezco en Su amor.
11 "Estas cosas les he hablado, para que Mi gozo esté en ustedes, y su gozo sea perfecto.
12 "Este es Mi mandamiento: que se amen los unos a los otros, así como Yo los he amado.
13 "Nadie tiene un amor mayor que éste: que uno dé su vida por sus amigos.
14 "Ustedes son Mis amigos si hacen lo que Yo les mando.
15 "Ya no los llamo siervos, porque el siervo no sabe lo que hace su señor; pero los he llamado amigos, porque les he dado a conocer todo lo que he oído de Mi Padre.
16 "Ustedes no me escogieron a Mí, sino que Yo los escogí a ustedes, y los designé para que vayan y den fruto, y que su

fruto permanezca; para que todo lo que pidan al Padre en Mi nombre se *lo* conceda.

17 "Esto les mando: que se amen los unos a los otros.

18 "Si el mundo los odia, sepan que Me ha odiado a Mí antes que a ustedes.

19 "Si ustedes fueran del mundo, el mundo amaría lo suyo; pero como no son del mundo, sino que Yo los escogí de entre el mundo, por eso el mundo los odia.

20 "Acuérdense de la palabra que Yo les dije: 'Un siervo no es mayor que su señor.' Si Me persiguieron a Mí, también los perseguirán a ustedes; si guardaron Mi palabra, también guardarán la de ustedes.

21 "Pero todo eso les harán por causa de Mi nombre, porque no conocen a Aquél que Me envió.

22 "Si Yo no hubiera venido y no les hubiera hablado, no tendrían pecado (culpa), pero ahora no tienen excusa por su pecado.

23 "El que Me odia a Mí, odia también a Mi Padre.

24 "Si Yo no hubiera hecho entre ellos las obras que ningún otro ha hecho, no tendrían pecado (culpa); pero ahora las han visto, y Me han odiado a Mí y también a Mi Padre.

25 "Pero *ellos han hecho esto* para que se cumpla la palabra que está escrita en su Ley: 'ME ODIARON SIN CAUSA.'

26 "Cuando venga el Consolador, a quien yo enviaré del Padre, *es decir,* el Espíritu de verdad que procede del Padre, El dará testimonio de Mí,

27 y ustedes también darán testimonio, porque han estado junto a Mí desde el principio.

Capítulo 16

1 "Estas cosas les he dicho para que no tengan tropiezo (no sean escandalizados).

2 "Los expulsarán de las sinagogas; pero viene la hora cuando cualquiera que los mate pensará que *así* rinde un servicio a Dios.

3 "Y harán estas cosas porque no han conocido ni al Padre ni a Mí.

4 "Pero les he dicho estas cosas para que cuando llegue la hora, se acuerden de que ya les había hablado de ellas. Y no les dije estas cosas al principio, porque Yo estaba con ustedes.
5 "Pero ahora voy al que Me envió, y ninguno de ustedes Me pregunta: '¿Adónde vas?'
6 "Pero porque les he dicho estas cosas, la tristeza ha llenado su corazón.
7 "Pero Yo les digo la verdad: les conviene que Yo me vaya; porque si no me voy, el Consolador (Intercesor) no vendrá a ustedes; pero si me voy, se Lo enviaré.
8 "Y cuando El venga, convencerá (culpará) al mundo de pecado, de justicia y de juicio;
9 de pecado, porque no creen en Mí;
10 de justicia, porque Yo voy al Padre y ustedes no Me verán más;
11 y de juicio, porque el príncipe de este mundo ha sido juzgado.
12 "Aún tengo muchas cosas que decirles, pero ahora no *las* pueden soportar.
13 "Pero cuando El, el Espíritu de verdad venga, los guiará a toda la verdad, porque no hablará por Su propia cuenta, sino que hablará todo lo que oiga, y les hará saber lo que habrá de venir.
14 "El Me glorificará, porque tomará de lo Mío y se *lo* hará saber a ustedes.
15 "Todo lo que tiene el Padre es Mío; por eso dije que El toma de lo Mío y se *lo* hará saber a ustedes.
16 "Un poco *más* , y ya no Me verán; y de nuevo un poco, y Me verán."
17 Entonces *algunos* de Sus discípulos se decían unos a otros: "¿Qué es esto que nos dice: 'Un poco *más,* y no Me verán, y de nuevo un poco, y Me verán' y 'Porque Yo voy al Padre'?"
18 Por eso decían: "¿Qué es esto que dice: 'Un poco'? No sabemos de qué habla."

19 Jesús sabía que querían preguntarle, y les dijo: "¿Están discutiendo entre ustedes sobre esto, porque dije: 'Un poco más, y no Me verán, y de nuevo un poco, y Me verán'?

20 "En verdad les digo, que llorarán y se lamentarán, pero el mundo se alegrará; ustedes estarán tristes, pero su tristeza se convertirá en alegría.

21 "Cuando la mujer está para dar a luz, tiene aflicción, porque ha llegado su hora; pero cuando da a luz al niño, ya no se acuerda de la angustia, por la alegría de que un niño haya nacido en el mundo.

22 "Por tanto, ahora ustedes tienen también aflicción; pero Yo los veré otra vez, y su corazón se alegrará, y nadie les quitará su gozo.

23 "En aquel día no Me preguntarán nada. En verdad les digo, que si piden algo al Padre en Mi nombre, El se *lo* dará.

24 "Hasta ahora nada han pedido en Mi nombre; pidan y recibirán, para que su gozo sea completo.

25 "Estas cosas les he hablado en lenguaje figurado (en proverbios); viene el tiempo cuando no les hablaré más en lenguaje figurado, sino que les hablaré del Padre claramente.

26 "En ese día pedirán en Mi nombre, y no les digo que Yo rogaré al Padre por ustedes,

27 pues el Padre mismo los ama, porque ustedes Me han amado y han creído que Yo salí del Padre.

28 "Salí del Padre y he venido al mundo; de nuevo, dejo el mundo y voy al Padre."

29 Sus discípulos Le dijeron: "Ahora hablas claramente y no usas lenguaje figurado (un proverbio).

30 "Ahora entendemos que Tú sabes todas las cosas, y no necesitas que nadie Te pregunte; por esto creemos que Tú viniste de Dios."

31 Jesús les respondió: "¿Ahora creen?

32 "Miren, la hora viene, y *ya* ha llegado, en que serán esparcidos, cada uno por su lado, y Me dejarán solo; y *sin embargo* no estoy solo, porque el Padre está conmigo.

33 "Estas cosas les he hablado para que en Mí tengan paz. En el mundo tienen tribulación; pero confíen, Yo he vencido al mundo."

Capítulo 17

1 Estas cosas habló Jesús, y alzando los ojos al cielo, dijo: "Padre, la hora ha llegado; glorifica a Tu Hijo, para que el Hijo Te glorifique a Ti,
2 por cuanto Le diste autoridad sobre todo ser humano, para que El dé vida eterna a todos los que Le has dado.
3 "Y ésta es la vida eterna: que Te conozcan a Ti, el único Dios verdadero, y a Jesucristo, a quien has enviado.
4 "Yo Te glorifiqué en la tierra, habiendo terminado la obra que Me diste que hiciera.
5 "Y ahora, glorifícame Tú, Padre, junto a Ti, con la gloria que tenía contigo antes que el mundo existiera.
6 "He manifestado Tu nombre a los hombres que del mundo Me diste; eran Tuyos y Me los diste, y han guardado Tu palabra.
7 "Ahora han conocido que todo lo que Me has dado viene de Ti;
8 porque Yo les he dado las palabras que Me diste; y *las* recibieron, y entendieron que en verdad salí de Ti, y creyeron que Tú Me enviaste.
9 "Yo ruego por ellos; no ruego por el mundo, sino por los que Me has dado; porque son Tuyos;
10 y todo lo Mío es Tuyo, y lo Tuyo, Mío; y he sido glorificado en ellos.
11 "Ya no estoy en el mundo, *pero* ellos sí están en el mundo, y Yo voy a Ti. Padre santo, guárdalos en Tu nombre, el *nombre* que Me has dado, para que sean uno, así como Nosotros *somos uno* .
12 "Cuando Yo estaba con ellos, los guardaba en Tu nombre, el *nombre* que Me diste; y los guardé y ninguno se perdió, excepto el hijo de perdición, para que la Escritura se cumpliera.
13 "Pero ahora voy a Ti; y hablo esto en el mundo para que tengan Mi gozo completo en sí mismos.

14 "Yo les he dado Tu palabra y el mundo los ha odiado, porque no son del mundo, como tampoco Yo soy del mundo.
15 "No Te ruego que los saques del mundo, sino que los guardes del (poder del) maligno (del mal).
16 "Ellos no son del mundo, como tampoco Yo soy del mundo.
17 "Santifícalos en la verdad; Tu palabra es verdad.
18 "Como Tú Me enviaste al mundo, Yo también los he enviado al mundo.
19 "Y por ellos Yo Me santifico, para que ellos también sean santificados en la verdad.
20 "Pero no ruego sólo por éstos, sino también por los que han de creer en Mí por la palabra de ellos,
21 para que todos sean uno. Como Tú, oh Padre, *estás* en Mí y Yo en Ti, que también ellos estén en Nosotros, para que el mundo crea que Tú Me enviaste.
22 "La gloria que Me diste les he dado, para que sean uno, así como Nosotros somos uno:
23 Yo en ellos, y Tú en Mí, para que sean perfeccionados en unidad, para que el mundo sepa que Tú Me enviaste, y que los amaste tal como Me has amado a Mí.
24 "Padre, quiero que los que Me has dado, estén también conmigo donde Yo estoy, para que vean Mi gloria, la *gloria* que Me has dado; porque Me has amado desde antes de la fundación del mundo.
25 "Oh Padre justo, aunque el mundo no Te ha conocido, Yo Te he conocido, y éstos han conocido que Tú Me enviaste.
26 "Yo les he dado a conocer Tu nombre, y lo daré a conocer, para que el amor con que Me amaste esté en ellos y Yo en ellos."

Capítulo 18

1 Después de decir esto, Jesús salió con Sus discípulos al otro lado del torrente Cedrón, donde había un huerto en el cual entró El con Sus discípulos.

2 También Judas, el que Lo iba a entregar (traicionar), conocía el lugar porque Jesús se había reunido allí muchas veces con Sus discípulos.
3 Entonces Judas, tomando la tropa *Romana* , y a *varios* guardias de los principales sacerdotes y de los Fariseos, fue allá con linternas, antorchas y armas.
4 Jesús, sabiendo todo lo que Le iba a sobrevenir, salió y les dijo: "¿A quién buscan?"
5 "A Jesús el Nazareno," Le respondieron. El les dijo: "Yo soy." Y Judas, el que Lo entregaba, estaba con ellos.
6 Y cuando El les dijo: "Yo soy," retrocedieron y cayeron a tierra.
7 Jesús entonces volvió a preguntarles: "¿A quién buscan?" "A Jesús el Nazareno," dijeron.
8 Respondió Jesús: "Les he dicho que Yo soy; por tanto, si Me buscan a Mí, dejen ir a éstos."
9 Así se cumplía la palabra que había dicho: "De los que Me diste, no perdí ninguno."
10 Entonces Simón Pedro, que tenía una espada, la sacó e hirió al siervo del sumo sacerdote, y le cortó la oreja derecha. El siervo se llamaba Malco.
11 Jesús le dijo a Pedro: "Mete la espada en la vaina. La copa que el Padre Me ha dado, ¿acaso no he de beberla?"
12 Entonces la tropa *Romana,* el comandante y los guardias de los Judíos prendieron a Jesús, Lo ataron,
13 y Lo llevaron primero ante Anás, porque era suegro de Caifás, que era sumo sacerdote ese año.
14 Caifás era el que había aconsejado a los Judíos que convenía que un hombre muriera por el pueblo.
15 Simón Pedro seguía a Jesús, y *también* otro discípulo. Este discípulo era conocido del sumo sacerdote, y entró con Jesús al patio del sumo sacerdote,
16 pero Pedro estaba afuera, a la puerta. Así que el otro discípulo, que era conocido del sumo sacerdote, salió y habló a la portera, e hizo entrar a Pedro.
17 Entonces la criada que cuidaba la puerta dijo a Pedro: "¿No

eres tú también *uno* de los discípulos de este hombre?" "No lo soy," dijo él.

18 Los siervos y los guardias estaban de pie calentándose *junto* a unas brasas que habían encendido porque hacía frío. Pedro también estaba con ellos de pie, calentándose.

19 Entonces el sumo sacerdote interrogó a Jesús acerca de Sus discípulos y de Sus enseñanzas.

20 Jesús le respondió: "Yo he hablado al mundo públicamente; siempre enseñé en la sinagoga y en el templo, donde se reúnen todos los Judíos, y nada he hablado en secreto.

21 "¿Por qué Me preguntas a Mí? Pregúntales a los que han oído lo que hablé; éstos saben lo que he dicho."

22 Cuando dijo esto, uno de los guardias que estaba cerca, dio una bofetada a Jesús, diciendo: "¿Así respondes al sumo sacerdote?"

23 Jesús le respondió: "Si he hablado mal, da testimonio de lo que *he hablado* mal; pero si *hablé* bien, ¿por qué Me pegas?"

24 Anás entonces Lo envió atado a Caifás, el sumo sacerdote.

25 Simón Pedro estaba de pie, calentándose, y le preguntaron: "¿No eres tú también *uno* de Sus discípulos?" "No lo soy," dijo Pedro, negándolo.

26 Uno de los siervos del sumo sacerdote, que era pariente de aquél a quien Pedro le había cortado la oreja, dijo: "¿No te vi yo en el huerto con El?"

27 Y Pedro *lo* negó otra vez, y al instante cantó un gallo.

28 Entonces llevaron a Jesús *de casa* de Caifás al Pretorio (residencia oficial del gobernador); era muy de mañana; y ellos no entraron al Pretorio para no contaminarse y poder comer la Pascua.

29 Pilato, pues, salió afuera hacia ellos y dijo: "¿Qué acusación traen contra este hombre?"

30 Ellos respondieron: "Si este hombre no fuera malhechor, no se Lo hubiéramos entregado."

31 Entonces Pilato les dijo: "Se Lo pueden llevar y juzgar conforme a su ley." "A nosotros no nos es permitido dar muerte a nadie," le dijeron los Judíos.

32 *Esto sucedió* para que se cumpliera la palabra que Jesús había hablado, dando a entender de qué clase de muerte iba a morir.

33 Pilato volvió a entrar al Pretorio, y llamó a Jesús y Le preguntó: "¿Eres Tú el Rey de los Judíos?"

34 Jesús respondió: "¿Esto lo dices por tu cuenta, o *porque* otros te lo han dicho de Mí?"

35 Pilato contestó: "¿Acaso soy yo Judío? Tu nación y los principales sacerdotes Te entregaron a mí. ¿Qué has hecho?"

36 Jesús le respondió: "Mi reino no es de este mundo. Si Mi reino fuera de este mundo, entonces Mis servidores pelearían para que Yo no fuera entregado a los Judíos. Pero ahora Mi reino no es de aquí."

37 "¿Así que Tú eres rey?", Le dijo Pilato. "Tú dices que soy rey," respondió Jesús. "Para esto Yo he nacido y para esto he venido al mundo, para dar testimonio de la verdad. Todo el que es de la verdad escucha Mi voz."

38 Pilato Le preguntó: "¿Qué es la verdad?" Y habiendo dicho esto, salió otra vez adonde *estaban* los Judíos y les dijo: "Yo no encuentro ningún delito en El.

39 "Pero es costumbre entre ustedes que les suelte a alguien (un preso) durante *la fiesta de* la Pascua. ¿Quieren, pues, que les suelte al Rey de los Judíos?"

40 Entonces volvieron a gritar, diciendo: "No a Este, sino a Barrabás." Y Barrabás era un ladrón.

Capítulo 19

1 Entonces, Pilato tomó a Jesús y Lo azotó.

2 Y los soldados tejieron una corona de espinas, la pusieron sobre Su cabeza y Lo vistieron con un manto de púrpura;

3 y acercándose a Jesús, Le decían: "¡Salve, Rey de los Judíos!" Y Le daban bofetadas.

4 Pilato salió otra vez, y les dijo: "Miren, Lo traigo fuera, para que sepan que no encuentro ningún delito en El."

5   Y cuando Jesús salió fuera, llevaba la corona de espinas y el manto de púrpura. Y *Pilato* les dijo: "¡Aquí está el Hombre!"
6   Cuando Lo vieron los principales sacerdotes y los guardias, gritaron: "¡Crucifícalo! ¡Crucifícalo!" Pilato les dijo: "Ustedes, pues, Lo toman y Lo crucifican, porque yo no encuentro ningún delito en El."
7   Los Judíos le respondieron: "Nosotros tenemos una ley, y según esa ley El debe morir, porque pretendió ser el Hijo de Dios."
8   Entonces Pilato, cuando oyó estas palabras, se atemorizó aún más.
9   Entró de nuevo al Pretorio (residencia oficial del gobernador) y dijo a Jesús: "¿De dónde eres Tú?" Pero Jesús no le dio respuesta.
10 Pilato entonces Le dijo: "¿A mí no me hablas? ¿No sabes que tengo autoridad para soltarte, y que tengo autoridad para crucificarte?"
11 Jesús respondió: "Ninguna autoridad tendrías sobre Mí si no se te hubiera dado de arriba; por eso el que Me entregó a ti tiene mayor pecado."
12 Como resultado de esto, Pilato procuraba soltar a Jesús, pero los Judíos gritaron: "Si suelta a Este, usted no es amigo del César; todo el que se hace rey se opone al César."
13 Entonces Pilato, cuando oyó estas palabras, sacó fuera a Jesús y se sentó en el tribunal, en un lugar llamado el Empedrado, y en Hebreo Gabata.
14 Y era el día de la preparación para la Pascua; eran como las seis de la mañana (hora Romana). Y *Pilato* dijo a los Judíos: "Aquí está su Rey."
15 "¡Fuera! ¡Fuera! ¡Crucifícalo!" gritaron ellos. "¿He de crucificar a su Rey?" les dijo Pilato. Los principales sacerdotes respondieron: "No tenemos más rey que el César."
16 Así que entonces Pilato Lo entregó a ellos para que fuera crucificado.

17 Tomaron, pues, a Jesús, y El salió cargando Su cruz al *sitio* llamado el Lugar de la Calavera, que en Hebreo se dice Gólgota,

18 donde Lo crucificaron, y con El a otros dos, uno a cada lado y Jesús en medio.

19 Pilato también escribió un letrero y lo puso sobre la cruz. Y estaba escrito: "JESUS EL NAZARENO, EL REY DE LOS JUDIOS."

20 Entonces muchos Judíos leyeron esta inscripción, porque el lugar donde Jesús fue crucificado quedaba cerca de la ciudad; y estaba escrita en Hebreo, en Latín *y* en Griego.

21 Por eso los principales sacerdotes de los Judíos decían a Pilato: "No escribas, 'el Rey de los Judíos;' sino que El dijo: 'Yo soy Rey de los Judíos.'"

22 Pilato respondió: "Lo que he escrito, he escrito."

23 Entonces los soldados, cuando crucificaron a Jesús, tomaron Sus vestidos e hicieron cuatro partes, una parte para cada soldado. Y *tomaron también* la túnica; y la túnica era sin costura, tejida en una sola pieza.

24 Por tanto, se dijeron unos a otros: "No la rompamos; sino echemos suertes sobre ella, *para ver* de quién será;" para que se cumpliera la Escritura: "REPARTIERON ENTRE SI MIS VESTIDOS, Y SOBRE MI ROPA ECHARON SUERTES."

25 Por eso los soldados hicieron esto. Y junto a la cruz de Jesús estaban Su madre, y la hermana de Su madre, María, la *mujer* de Cleofas, y María Magdalena.

26 Y cuando Jesús vio a Su madre, y al discípulo a quien El amaba que estaba allí cerca, dijo a Su madre: "¡Mujer, ahí está tu hijo!"

27 Después dijo al discípulo: "¡Ahí está tu madre!" Y desde aquella hora el discípulo la recibió en su propia *casa* .

28 Después de esto, sabiendo Jesús que todo ya se había consumado, para que se cumpliera la Escritura, dijo: "Tengo sed."

29 Había allí una vasija llena de vinagre. Colocaron, pues, una esponja empapada del vinagre en *una rama de* hisopo, y se la acercaron a la boca.
30 Entonces Jesús, cuando hubo tomado el vinagre, dijo: "¡Consumado es! (¡Cumplido está!)" E inclinando la cabeza, entregó el espíritu.
31 Los Judíos entonces, como era el día de preparación *para la Pascua,* a fin de que los cuerpos no se quedaran en la cruz el día de reposo, porque ese día de reposo era muy solemne, pidieron a Pilato que les quebraran las piernas y se los llevaran.
32 Fueron, pues, los soldados y quebraron las piernas del primero, y *también las* del otro que había sido crucificado con Jesús.
33 Cuando llegaron a Jesús, como vieron que ya estaba muerto, no le quebraron las piernas;
34 pero uno de los soldados le traspasó el costado con una lanza, y al momento salió sangre y agua.
35 Y el que *lo* ha visto ha dado testimonio, y su testimonio es verdadero; y él sabe que dice la verdad, para que ustedes también crean.
36 Porque esto sucedió para que se cumpliera la Escritura: "NO SERA QUEBRADO HUESO SUYO."
37 Y también otra Escritura dice: "MIRARAN A AQUEL QUE TRASPASARON."
38 Después de estas cosas, José de Arimatea, que era discípulo de Jesús, aunque en secreto por miedo a los Judíos, pidió *permiso* a Pilato para llevarse el cuerpo de Jesús. Y Pilato concedió el permiso. Entonces José vino, y se llevó el cuerpo de Jesús.
39 Y Nicodemo, el que antes había venido a Jesús de noche, vino también, trayendo una mezcla de mirra y áloe como de treinta y tres kilos.
40 Entonces tomaron el cuerpo de Jesús, y lo envolvieron en telas de lino con las especias aromáticas, como es costumbre sepultar entre los Judíos.

41 En el lugar donde fue crucificado había un huerto, y en el huerto un sepulcro nuevo, en el cual todavía no habían sepultado a nadie.
42 Por tanto, por causa del día de la preparación de los Judíos, como el sepulcro estaba cerca, pusieron allí a Jesús.

Capítulo 20

1 El primer *día* de la semana María Magdalena fue temprano al sepulcro, cuando todavía estaba oscuro, y vio que la piedra *ya* había sido quitada del sepulcro.
2 Entonces corrió y fue adonde estaban Simón Pedro y el otro discípulo a quien Jesús amaba, y les dijo: "Se han llevado al Señor del sepulcro, y no sabemos dónde Lo han puesto."
3 Salieron, pues, Pedro y el otro discípulo, y fueron hacia el sepulcro.
4 Los dos corrían juntos, pero el otro discípulo corrió más aprisa que Pedro, y llegó primero al sepulcro;
5 e inclinándose para mirar *adentro*, vio las envolturas de lino puestas *allí*, pero no entró.
6 Entonces llegó también Simón Pedro tras él, entró al sepulcro, y vio las envolturas de lino puestas *allí*,
7 y el sudario que había estado sobre la cabeza de Jesús, no puesto con las envolturas de lino, sino enrollado en un lugar aparte.
8 También entró el otro discípulo, el que había llegado primero al sepulcro, y vio y creyó.
9 Porque todavía no habían entendido la Escritura de que Jesús debía resucitar de entre los muertos.
10 Los discípulos entonces se fueron de nuevo a sus casas.
11 Pero María estaba fuera, llorando junto al sepulcro; y mientras lloraba, se inclinó y miró dentro del sepulcro;
12 y vio dos ángeles vestidos de blanco, sentados donde había estado el cuerpo de Jesús, uno a la cabecera y otro a los pies.
13 "Mujer, ¿por qué lloras?" le preguntaron. "Porque se han llevado a mi Señor, y no sé dónde Lo han puesto," les contestó ella.

14 Al decir esto, se volvió y vio a Jesús que estaba *allí,* pero no sabía que era Jesús.
15 "Mujer, ¿por qué lloras?" le dijo Jesús. "¿A quién buscas?" Ella, pensando que era el que cuidaba el huerto, Le dijo: "Señor, si usted Lo ha llevado, dígame dónde Lo ha puesto, y yo me Lo llevaré."
16 "¡María!" le dijo Jesús. Ella, volviéndose, Le dijo en Hebreo: "¡Raboní!" (que quiere decir Maestro).
17 Jesús le dijo: "Suéltame (No Me agarres) porque todavía no he subido al Padre; pero ve a Mis hermanos, y diles: 'Subo a Mi Padre y Padre de ustedes, a Mi Dios y Dios de ustedes.'"
18 María Magdalena fue y anunció a los discípulos: "¡He visto al Señor!," y que El le había dicho estas cosas.
19 Al atardecer de aquel día, el primero de la semana, y estando cerradas las puertas *del lugar* donde los discípulos se encontraban por miedo a los Judíos, Jesús vino y se puso en medio de ellos, y les dijo: "Paz a ustedes."
20 Y diciendo esto, les mostró las manos y el costado. Entonces los discípulos se regocijaron al ver al Señor.
21 Jesús les dijo otra vez: "Paz a ustedes; como el Padre Me ha enviado, *así* también Yo los envío."
22 Después de decir esto, sopló sobre *ellos* y les dijo: "Reciban el Espíritu Santo.
23 "A quienes perdonen los pecados, *éstos* les son perdonados; a quienes retengan los *pecados, éstos* les son retenidos."
24 Tomás, uno de los doce, llamado el Dídimo (el Gemelo), no estaba con ellos cuando Jesús vino.
25 Entonces los otros discípulos le decían: "¡Hemos visto al Señor!" Pero él les dijo: "Si no veo en Sus manos la señal de los clavos, y meto el dedo en el lugar de los clavos, y pongo la mano en Su costado, no creeré."
26 Ocho días después, Sus discípulos estaban otra vez dentro (en la casa), y Tomás con ellos. Estando las puertas cerradas, Jesús vino y se puso en medio de ellos, y dijo: "Paz a ustedes."

27 Luego dijo a Tomás: "Acerca aquí tu dedo, y mira Mis manos; extiende aquí tu mano y métela en Mi costado; y no seas incrédulo, sino creyente."
28 "¡Señor mío y Dios mío!" Le dijo Tomás.
29 Jesús le dijo: "¿Porque Me has visto has creído? Dichosos los que no vieron, y *sin embargo* creyeron."
30 Y muchas otras señales (milagros) hizo también Jesús en presencia de Sus discípulos, que no están escritas en este libro;
31 pero éstas se han escrito para que ustedes crean que Jesús es el Cristo (el Mesías), el Hijo de Dios; y para que al creer, tengan vida en Su nombre.

Capítulo 21

1 Después de esto, Jesús se manifestó otra vez a los discípulos junto al mar de Tiberias, y se manifestó de esta manera:
2 Estaban juntos Simón Pedro, Tomás llamado el Dídimo (el Gemelo), Natanael de Caná de Galilea, los *hijos* de Zebedeo y otros dos de Sus discípulos.
3 "Me voy a pescar," les dijo* Simón Pedro. "Nosotros también vamos contigo," le dijeron ellos. Fueron y entraron en la barca, y aquella noche no pescaron nada.
4 Cuando ya amanecía, Jesús estaba en la playa; pero los discípulos no sabían que era Jesús.
5 Jesús les dijo: "Hijos, ¿acaso tienen algún pescado?" "No." respondieron ellos.
6 Y Él les dijo: "Echen la red al lado derecho de la barca y hallarán *pesca.*" Entonces la echaron, y no podían sacarla por la gran cantidad de peces.
7 Entonces aquel discípulo a quien Jesús amaba, dijo a Pedro: "¡Es el Señor!" Oyendo Simón Pedro que era el Señor, se puso la ropa, porque se la había quitado *para poder trabajar*, y se echó al mar.
8 Pero los otros discípulos vinieron en la barca, porque no estaban lejos de tierra, sino a unos 100 metros, arrastrando la red *llena* de peces.

9 Cuando bajaron a tierra, vieron brasas *ya* puestas y un pescado colocado sobre ellas, y pan.

10 Jesús les dijo: "Traigan algunos de los peces que acaban de sacar."

11 Simón Pedro subió *a la barca,* y sacó la red a tierra, llena de peces grandes, ciento cincuenta y tres *en total;* y aunque había tantos, la red no se rompió.

12 Jesús les dijo: "Vengan *y* desayunen." Ninguno de los discípulos se atrevió a preguntarle: "¿Quién eres Tú?" sabiendo que era el Señor.

13 Jesús vino, tomó el pan y se lo dio; y lo mismo *hizo con* el pescado.

14 Esta fue la tercera vez que Jesús se manifestó a los discípulos, después de haber resucitado de entre los muertos.

15 Cuando acabaron de desayunar, Jesús dijo a Simón Pedro: "Simón, *hijo* de Juan, ¿Me amas más que éstos?" "Sí, Señor, Tú sabes que Te quiero," Le contestó* Pedro. Jesús le dijo: "Apacienta Mis corderos."

16 Volvió a decirle por segunda vez: "Simón, *hijo* de Juan, ¿Me amas?" "Sí, Señor, Tú sabes que Te quiero," Le contestó Pedro. Jesús le dijo: "Pastorea Mis ovejas."

17 Jesús le dijo por tercera vez: "Simón, *hijo* de Juan, ¿Me quieres?" Pedro se entristeció porque la tercera vez le dijo: "¿Me quieres?" Y Le respondió: "Señor, Tú lo sabes todo; Tú sabes que Te quiero." "Apacienta Mis ovejas," le dijo Jesús.

18 "En verdad te digo, que cuando eras más joven te vestías y andabas por donde querías; pero cuando seas viejo extenderás las manos y otro te vestirá, y te llevará adonde no quieras."

19 Esto dijo, dando a entender la clase de muerte con que *Pedro* glorificaría a Dios. Y habiendo dicho esto, le dijo: "Sígueme."

20 Pedro, volviéndose, vio que *les* seguía el discípulo a quien Jesús amaba, el que en la cena se había recostado sobre el

pecho *de Jesús* y Le había preguntado: "Señor, ¿quién es el que Te va a entregar?"
21 Entonces Pedro, al verlo, dijo a Jesús: "Señor, ¿y éste, qué?"
22 Jesús le dijo: "Si Yo quiero que él se quede hasta que Yo venga, ¿a ti, qué? Tú, Sígueme."
23 Por eso el dicho se propagó entre los hermanos que aquel discípulo no moriría. Pero Jesús no le dijo que no moriría, sino: "Si Yo quiero que se quede hasta que Yo venga, ¿a ti, qué?"
24 Este es el discípulo que da testimonio de estas cosas y el que escribió esto, y sabemos que su testimonio es verdadero.
25 Y hay también muchas otras cosas que Jesús hizo, que si se escribieran en detalle, pienso que ni aun el mundo mismo podría contener los libros que se escribirían.

Tema de Juan:

Autor:

Fecha:

Propósito:

Palabras Clave:
(incluir sinónimos)

División por Secciones:

	DESCRIPCIONES DE JESUCRISTO	SEÑALES Y MILAGROS	MINISTERIO	TEMAS DE LOS CAPÍTULOS
			A ISRAEL	1
				2
				3
				4
				5
				6
				7
				8
				9
				10
				11
			A LOS DISCÍPULOS	12
				13
				14
				15
				16
				17
			A LA HUMANIDAD	18
				19
				20
			A LOS DISCÍPULOS	21

Las Fiestas de Israel

	Mes 1 (Nisán) Fiesta de la Pascua				Mes 3 (Siván) Fiesta de Pentecostés
Esclavos en Egipto	Pascua	Pan sin Levadura	Las Primicias		Pentecostés o Fiesta de las Semanas
	Se mata el cordero y se pone su sangre en el dintel Éxodo 12:6, 7	Limpieza de todo lo leudado (símbolo del pecado)	Ofrenda de la gavilla mecida (promesa de la cosecha futura)		Ofrenda mecida de dos panes con levadura
	Mes 1, día 14 Levítico 23:5	Mes 1, día 15 durante 7 días Levítico 23:6-8	Día después del día de reposo Levítico 23:9-14		50 días después de las primicias Levítico 23:15-21
Todo el que comete pecado es esclavo del pecado	Cristo, nuestra Pascua, ha sido sacrificado	Limpien... la levadura vieja... así como lo son, sin levadura	Cristo ha resucitado... las primicias	Se va para que venga el Conso- lador Monte de los Olivos	Promesa del Espíritu, misterio de la iglesia: Judíos y Gentiles en un solo cuerpo
Juan 8:34	1 Corintios 5:7	1 Corintios 5:7, 8	1 Corintios 15:20-23	Juan 16:7 Hechos 1:9-12	Hechos 2:1-47 1 Corintios 12:13 Efesios 2:11-22

Meses: Nisán — Marzo, Abril • Siván — Mayo, Junio • Tisri — Septiembre, Octubre

LAS FIESTAS DE ISRAEL

Mes 7 (Tisri) — Fiesta de los Tabernáculos

	Fiesta de las Trompetas (shofar)	Día de la expiación	Fiesta de los Tabernáculos	
Intervalo entre las fiestas	Al son de trompetas (shofar) – una santa convocación	Se debe hacer expiación para ser limpios Levítico 16:30	La celebración de la cosecha conmemora los tabernáculos en el desierto	
	Mes 7, día 1 Levítico 23:23-25	Mes 7, día 10 Levítico 23:26-32	Mes 7, día 15, durante 7 días, día 8, santa convocación Levítico 23:33-44	
	Retorno de Judíos a Israel en preparación para el último día de expiación Jeremías 32:37-41	Israel se arrepentirá y mirará al Mesías en un solo día Zacarías 3:9, 10; 12:10; 13:1; 14:9	Las familias de la tierra irán a Jerusalén a celebrar la fiesta de los Tabernáculos Zacarías 14:16-19	Cielo nuevo y tierra nueva

El Tabernáculo de Dios con los hombres Apocalipsis 21:1-3 |
| | | *La Venida de Cristo* | | |
| | Ezequiel 36:24 | Ezequiel 36:25-27 Hebreos 9, 10 Romanos 11:25-29 | Ezequiel 36:28 | |

Israel tenía dos cosechas cada año — primavera y otoño

Guía Del Líder

Dos Maneras de Hacer Este Estudio

La primera es que hagas las tareas con los integrantes de la clase. Haces una tarea a la vez y discuten lo que se está aprendiendo. El ritmo que sigan dependerá del tiempo que tengan; por lo tanto, han de ignorar las divisiones del libro en "días" y "semanas", y trabajarán todo lo que puedan hacer. Pero debes tener cuidado de no alargarte mucho, pues podrías perder algunos de los estudiantes.

Si alguien es nuevo en el estudio bíblico o si no es un creyente, esta es una manera que te ayudará a ser como un mentor que cambiará sus vidas y les anime al hacer el estudio. No podrías tener un mayor llamado que el introducir a otra persona a las palabras de Dios, de manera que ella aprenda cómo "descubrir la verdad por sí misma".

Ya que vivimos en una época en que el mundo está tan ocupado y con tanto trabajo, que las personas sienten no tener tiempo para hacer un estudio por ellas mismas, esta manera de conducir el estudio te permite encontrarte con ellos donde están e introducirles al maravilloso método de estudiar la Palabra de Dios para alcanzar su bienestar y su salud espiritual.

Si haces el estudio de esta manera te será necesario que -como líder- hagas el estudio de la semana por adelantado para así estar preparado al dirigir la clase y ayudar a los estudiantes en su búsqueda de la verdad. En la siguiente sección de esté libro encontrarás algunas preguntas que también podrías utilizar; las hemos incluido como ayuda en caso que las necesites.

La segunda manera de usar este libro es pedir a los estudiantes que hagan la tarea por sí mismos, durante la semana, y después reunirse para discutir lo aprendido. Si haces esto, es recomendable que inicies las dos primeras lecciones (o parte de las lecciones) juntos con ellos, para que te asegures que entienden lo que están haciendo.

Preparándose Para Dirigir la Clase

Cada semana les darás sugerencias de cómo repasarán el material que los miembros de tu clase hayan estudiado individualmente durante la semana. Por ejemplo, después de completar la lección de la Primera Semana, el grupo deberá reunirse a discutir ese material. También queremos decirte que las preguntas sugeridas para el líder ¡son solamente eso, una sugerencia! Al prepararte para cada sesión con la clase, deberás ir ante el Padre en oración y pedirle que te ayude. Puedes confiar que Él te mostrará qué agregar a las sugerencias o qué quitar de ellas; Dios puede mostrarte otro camino a seguir mientras esperas en Él por Su dirección. Sólo Él conoce la necesidad de cada miembro del grupo, y en Su fidelidad te mostrará cómo conducirlos en el estudio, de tal forma que Él pueda aplicarlo de la manera más efectiva. ¡Sólo confía en Él!

También debes saber que este libro ha sido traducido a muchos idiomas y usado en grupos con gente de una gran variedad de trasfondos representando numerosas culturas. Por lo tanto, necesitarás buscar al Padre a la luz del trasfondo y cultura del grupo con el que tú estés usando estos materiales.

Durante las primeras lecciones de este estudio, tal vez desees tomar las preguntas de la tarea una por una y ver cómo responden tus estudiantes a ellas, y si tienen o no preguntas. ¡Recuerda animarlos, animarlos y animarlos! Y si sus respuestas son incorrectas, muéstrales cómo encontrar las respuestas correctas.

Comienza Cada Sesión con Oración

Te animamos a comenzar cada sesión con oración, pidiendo al Espíritu Santo que esté contigo usando lo que se comparte para animar, motivar, y mejorar la vida de cada uno de ustedes. Pídele frente al grupo, que cree un ambiente de amor y de aceptación, donde cada persona se sienta libre para compartir todo cuanto ha aprendido.

Crea un Ambiente Tranquilo Donde Todos Puedan Compartir

Mientras diriges a la gente a compartir, asegúrate de no avergonzar a quien no dé lo que consideres "la respuesta correcta". Crea un ambiente tranquilo. Diles que todos están aprendiendo y que a veces aprendemos mejor cuando respondemos en forma incorrecta; porque así, ¡aprenderemos la respuesta correcta y jamás la olvidaremos!

Si eres demasiado rígido con los miembros del grupo, los desmotivarás en la discusión. Pero si los animas y creas un ambiente de tranquilidad en el que las personas sepan que las aceptas tal como son, ellas estarán ansiosas por discutir lo que están viendo y aprendiendo. Entonces crearás un contexto de entusiasmo.

Además, es probable que algunas personas de la clase pudieran tener otras preguntas sobre temas que no tenías planeado cubrir. Si no tienes tiempo de tratar esas preguntas, o si consideras que ellos no entienden lo suficiente acerca de la Palabra de Dios como para darles una respuesta, entonces anota sus preguntas y diles que prefieres responder esas preguntas cuando la clase misma vea lo que dice la Palabra de Dios al respecto en los siguientes estudios.

Herramientas Útiles Para el Tiempo Juntos

Te será de gran ayuda si puedes obtener una pizarra y un proyector, o cualquier otra forma de ayuda visual que te sea útil—allí podrás anotar algunas de las observaciones compartidas. Esto te permite tener un registro de lo compartido en la clase, para que ellos puedan ver y oír lo que están aprendiendo. Ver la lista de observaciones en una pizarra te ayudará a cimentar la verdad de Dios en las mentes y los corazones del grupo.

Para tu Primera Reunión

Tu tiempo de discusión con los estudiantes será luego de la semana de estudio en la que hayan visto la verdad de Dios por sí mismos. Sin embargo, durante tu primera reunión, deberías examinar cuidadosamente todo el material introductorio. Lee por favor: "Discusión del Material que Precede a la Primera Semana" y entonces sabrás que estás empezando una asombrosa aventura, ¡en la que verás la obra de Dios en una forma admirable!

Oramos por ti y te Apreciamos

Debes saber que hemos orado por ti ¡y puedes confiar en que nuestro Dios obrará en ti y a través de ti, si te pones en Sus manos!

Discusión del Material que Precede a la Primera Semana

Ya que la clase todavía no ha comenzado sus estudios semanales, debes usar la primera reunión para examinar el material junto con el grupo.

Comienza diciéndoles que tu estudio será un proceso donde la verdad se construye en base a la verdad. Comunícales que al estudiar la Palabra de Dios con diligencia, descubrirán lo que Dios desea enseñarles individualmente, y que serán enriquecidos al escuchar a otros compartiendo lo que Dios les ha enseñado.

Empieza ahora mismo con oración y pídele al Espíritu Santo que esté contigo, así como con tu clase, cada semana al dedicar tiempo a Su Palabra. Ora para que cada uno de ellos pueda ver cómo se aplica, personalmente a su vida, la verdad de la Palabra de Dios.

Pide que el grupo lea la sección previa a la Primera Semana. Si hay personas en tu clase que leen o aprenden con lentitud, anímalas a continuar en el estudio aunque tengan alguna dificultad. Diles que cuando completen este curso, habrán desarrollado capacidades de estudio que pueden ayudarles a sobresalir en otras clases de estudios.

Sugiere a los miembros de tu clase que al leer subrayen o resalten los puntos importantes. Subrayar hace más fácil regresar y repasar los hechos o las verdades clave. Por ejemplo, bajo el título: ¿QUÉ ES LA BIBLIA?, pueden subrayar o resaltar "La Biblia... es un libro compuesto por 66 libros diferentes", y "la primera parte es llamada el Antiguo Testamento, y la segunda, el Nuevo Testamento". Anima a tus estudiantes a subrayar los puntos más importantes.

Después que la clase termine de leer, discute lo que aprendieron acerca de la Biblia, y por qué es importante estudiarla. Durante esta discusión recuerda enfatizar la importancia de conocer acerca del Dios de la Biblia y de lo que la Biblia dice. *En este punto, ¡anima a tus estudiantes! Compárteles lo que Dios puede hacer y hará por ellos si perseveran hasta terminar el estudio. Recuerda que las Palabras de Dios son espíritu y vida. Explícales que cuando ellos estudian la Biblia, están estudiando un libro como ningún otro en el mundo. Es un libro que cambia la vida de las personas como también el curso de la historia.*

Luego, discute el propósito del evangelio de Juan. Pide que alguien lea Juan 20:30-31, y si tienes una pizarra a tu disposición, escribe el pasaje para que todos en la clase puedan verlo. Luego, bajo Juan 20:30-31, haz una lista de los puntos principales de estos versículos.

Plantea las preguntas enumeradas a continuación

y anota las respuestas en el pizarrón (en este punto, te proveeremos las respuestas a las preguntas para estar seguros que empezamos juntos en la misma dirección. Sin embargo, en esta sección no te daremos las otras respuestas). Dirige a tus estudiantes a que vayan al texto bíblico para que encuentren allí las respuestas. Esto les mostrará que la Biblia nos brinda las respuestas que necesitamos y que no tenemos que dar nuestra propia opinión. La Biblia nos dice todo lo que debemos saber. Simplemente debemos observar (ver) cuidadosamente lo que dice.

1. ¿Por qué fue escrito el evangelio de Juan?

a. para que ustedes crean que Jesús es el Cristo (el Mesías), el Hijo de Dios.

Comenta con tu grupo que la palabra *Cristo* es otra forma de decir "Mesías". El Mesías era Aquel que Dios prometió enviar a Su pueblo para salvarlo de sus pecados, y para que gobernara como Rey sobre toda la tierra. Él sería el Hijo Unigénito de Dios, igual al Padre. Por lo tanto, decir que Jesús es el Hijo de Dios, es decir que Jesús es Dios. Tus estudiantes deberían prestar mucha atención a cualquier versículo que muestre que Jesús es Dios, y que Jesús es igual a Dios el Padre en Su carácter y poder.

b. para que al creer, tengan vida en Su nombre [Jesús].

Aquellos que confiesan a Jesucristo como Su Salvador y Señor, tienen vida en el nombre de Jesús. En otras palabras, cuando verdaderamente creen en Jesús, Él les da Su vida. Al continuar tu grupo con este estudio, dile que vea cuidadosamente lo que dice el evangelio de Juan acerca de aquellos que verdaderamente creen.

Menciona el hecho que en los tiempos bíblicos los nombres eran muy importantes. Los nombres a menudo describían a la persona—quién era, qué estaba llamada a hacer. Hablar o actuar en nombre de otra persona, sería igual a hablar y actuar de acuerdo a lo que el nombre de esa persona significaba o con la autoridad que tenía. Por ejemplo, cuando un oficial de policía tocaba la puerta de alguien decía: "Abra en nombre de la ley", el oficial de policía estaba ahí como representante de la ley.

2. ¿Qué muestra el evangelio de Juan para que las personas puedan creer que Jesús era el Hijo de Dios, el Cristo?

    a. Las señales que Jesús realizó en presencia de Sus discípulos.

3. ¿Qué razón nos da Juan respecto a que las señales de Jesús se realizaran en presencia de Sus discípulos? ¿Haría alguna diferencia el que ellos vieran estas señales? ¿Qué diferencia? (mientras tu grupo piensa en esto, trata de aplicarlo a ellos. Por ejemplo, si estás hablando a personas que han tenido algún tipo de trato con los tribunales de justicia, pregúntales cuán importante son los testigos oculares y por qué).

4. Ahora que sabes el propósito de Juan al escribir, ¿qué deberías observar con atención al leer y estudiar el evangelio de Juan?

    a. Cosas que muestran que Jesús es el Cristo, el Hijo de Dios.

    b. Varias de las señales que hizo Jesús, DÓNDE las hizo, CUÁLES fueron, QUÉ ocurrió y QUIÉNES las vieron.

    c. CÓMO reaccionaron las personas que vieron estas señales y POR QUÉ.

5. Cuando termines esta discusión, puedes empezar con tus estudiantes las tareas de la Primera Semana. Ayudarles a empezar la tarea la hará más fácil y les animará mucho a ellos.

Si haces que la clase comience la tarea, planifica repasar junto con ellos el Primer y Segundo Día. Pídeles que trabajen el Primer Día y discutan lo que vieron. Luego, haz el Segundo Día. Después que lean y marquen toda referencia a *Verbo*, así como sus pronombres y sinónimos, lee en voz alta Juan 1:1-18. Diles que digan la palabra "Verbo" cada vez que aparezca la palabra *Verbo* que ellos marcaron o colorearon. De esta forma pueden asegurarse de haber marcado todo cuanto debían haber marcado.

6. Cuando termines, sugiere al grupo hablar con Dios en oración. Diles que compartan con Dios lo que está dentro de su corazón, lo que necesitan, lo que quieren aprender y el por qué. Haz una oración conversacional en que todos los integrantes del grupo puedan sentirse libres de estar en silencio u orar sin sentirse incómodos.

Dile a tu clase que los dirigirás en este estudio hasta la Séptima Semana, y que ellos también podrían decidirse a completar las seis semanas restantes. Pídele a cada uno que se comprometa a ser fiel al estudiar por lo menos siete semanas, y que se responsabilicen unos con otros de este compromiso. Anima a tu clase a completar la lección de la siguiente semana, de la Primera Semana. Diles que hagan lo que más puedan y que no se preocupen si no entienden todo o no pueden hacer todo lo que se les pide. Recuérdales que no deben sentir temor por las respuestas incorrectas, porque todos están aprendiendo juntos. Compárteles que encontrarán obstáculos, pero anímalos a seguir adelante pase lo que pase, ¡la recompensa que recibirán es de un incalculable valor!

Ora por tu clase. La oración y la Palabra son dos cosas que marcan una gran diferencia en la vida de las personas. ¡Como líder, tienes la oportunidad de depositar ambas en sus vidas!

Primera Semana

1. Comienza con oración, pidiéndole a Dios que esté con cada miembro de la clase y los ayude a entender lo que Su Palabra dice.

2. Lee en voz alta el capítulo 1 de Juan. Dile a la clase que mientras lo haces, digan en voz alta "Verbo o Jesús" cada vez que aparezca una palabra que hayan marcado que se refiera al *Verbo* (Verbo es identificado como Jesús en el versículo 17). Pídeles que también digan en voz alta "Juan" cada vez que menciones una referencia a Juan el Bautista. Este proceso ayudará a los estudiantes a estar seguros de haber marcado las palabras correctas junto con sus pronombres y sinónimos.

3. Pide que la clase te diga todo lo que ha aprendido acerca de Jesús en Juan 1. Pregúntales qué versículo o versículos les dieron esa información. Anota en la pizarra cada observación que sea compartida.

4. Cuando termines, escribe Juan 20:30-31 en la pizarra. Pregunta a los estudiantes qué vieron en Juan 1 que haya sido escrito para ayudar a Juan a lograr su propósito al escribir el evangelio. También haz una lista en el pizarrón de lo que se ha compartido en la clase y coloca una marca junto a cada detalle que muestre que Jesús es el Cristo o el Hijo de Dios.

5. Pregunta a tus estudiantes si hay algunas señales registradas en Juan 1 (aunque la respuesta sea "no", muéstrales que Juan desea que sus lectores sepan que Jesús es el Cristo, el Hijo de Dios, y que está empezando a cumplir su propósito).

6. Pregúntale al grupo qué aprendió acerca de Juan el Bautista. Luego, habla acerca de su relación con Jesucristo y pregúntales qué aprendieron acerca de Juan que podrían aplicar a sus propias vidas.

Discute la actitud de Juan hacia Jesús y lo que él les dice a otros acerca de Jesús. Sugiere a tus estudiantes que oren y pidan a Dios oportunidades para compartir las verdades que están aprendiendo acerca de Jesús. Diles que Dios les mostrará con quién hablar, poniendo ese pensamiento en sus mentes y haciendo que ellos deseen compartirlo con esa persona.

Sin embargo, si los miembros del grupo viven entre personas a quienes no les gustan los cristianos, antes que hablen acerca de Jesús, deberán mostrar a los demás la diferencia que Jesús hace en la forma que ellos viven. Luego, deberían orar para que las personas les pregunten por qué son diferentes. Diles a tus estudiantes que oren mucho antes de hablar y compartir lo que dice la Palabra de Dios. Cuando citen o lean la Biblia a otros, deberán recordar que la Palabra de Dios está llena de vida; que es un libro sobrenatural, que Dios lo usará en forma sobrenatural.

7. Examina también las preguntas que fueron hechas en la lección, y mira cómo las contestaron los estudiantes. Asegúrate de discutir lo que aprendieron sobre el pecado.

8. Un buen ejercicio para los estudiantes es pedirles que entrevisten a cinco personas diferentes, de forma personal y en grupo, preguntándoles si les pueden ayudar a completar una tarea de un estudio que están realizando. Dirige a los estudiantes para que le pidan a Dios que los guíe en cómo dirigirse a ellos, y anímales a presentarse como personas agradables y de confianza. A continuación te damos unos pasos específicos a seguir:

Tarea Del Estudio

1. Pide a la persona que estás entrevistando si puede darte de diez a quince minutos de su tiempo, y si luego puede hacer una crítica respecto a cómo presentas el estudio.

2. Entrega a la persona una copia del evangelio de Juan 1:1-18 junto con un lápiz o bolígrafo, y pregúntale si puede leer esta sección contigo; pídele que haga un círculo sobre cada referencia a *"el Verbo"* según lean este pasaje.

3. Lee los primeros tres versículos y luego pregunta ¿qué aprendieron acerca del *"Verbo"*? Si ellos preguntan quién es *"el Verbo"* diles que necesitan esperar y ver si el texto se los dice. Pídeles que busquen la respuesta.

4. Continúa con los siguientes versículos y lee, marca y discute lo que ellos aprenden.

5. Cuando completes el trabajo en el texto, pregúntales ¿qué piensan de lo aprendido en la Palabra de Dios? (Necesitas estar orando por la guía del Espíritu de Dios respecto a su conversión).

6. Al final, entrega a la persona la otra hoja del estudio (puedes sacar fotocopias) y pídele que la llene.

Hoja De Respuestas

Gracias por dedicar el tiempo necesario para escribir sus observaciones sobre cómo hizo la presentación el estudiante. Sus respuestas serán evaluadas por el instructor del estudiante, y si las escribe en esta hoja, el estudiante recibirá una calificación mayor.

1. Favor de escribir los puntos acerca del "Verbo" que aprendió del texto.

2. Brevemente, ¿cuál es la relación entre el "Verbo" y el mundo, de acuerdo al texto?

3. ¿Qué puede dar el "Verbo" a las personas?

Segunda Semana

Esta semana cubrirás Juan 2 y 3 con tu clase. Ya que Juan 3 es un capítulo maravilloso, asegúrate de no dedicar mucho tiempo a discutir Juan 2. Mientras diriges la discusión, pídele a Dios que conduzca y hable a los estudiantes para que ellos puedan entender: 1) qué significa creer en Jesucristo, 2) qué sucede si no creen.

Al orar, pídele a Dios que haga que tus alumnos nazcan de nuevo a través de este estudio. No trates de empujarlos a creer, deja que Dios y Su Espíritu hagan Su obra por medio de Su Palabra. Si tus estudiantes ya son salvos, ora para que se vuelvan piadosos hombres y mujeres de Dios, personas que Le amen y proclamen Su Palabra.

1. Discute la primera señal que hizo Jesús. Formula las seis preguntas básicas acerca de esa señal. Pídele al grupo que establezca qué versículo, de Juan 2, contiene la respuesta que ellos comparten. Puedes preguntarles lo siguiente:

    a. ¿CUÁL fue la primera señal que hizo Jesús?

    b. ¿DÓNDE se realizó?

    c. ¿QUIÉN vio la señal?

    d. ¿POR QUÉ hizo esa señal?

    e. ¿QUÉ sucedió como resultado de esa señal?

2. Pregunta al grupo en qué otro lugar de Juan 2 se menciona la palabra *señal* o *señales*. Pregúntales qué aprendieron de marcar esa palabra en el versículo. Una vez más, haz las seis preguntas básicas. Recuerda que no siempre encontrarás respuestas para todas las preguntas básicas, que sólo descubrirás lo que el texto te diga.

No olvides la "señal" de la resurrección de Jesucristo mencionada en Juan 2:18-22. Fíjate además en qué es lo que recuerdan los discípulos después de la resurrección de Jesús (Jesús siendo alzado de la muerte). Estudiaremos más acerca de la resurrección de Jesús en Juan 20.

3. Pregunta en dónde se usa la palabra *creer* y sus sinónimos en Juan 2. Mientras tu clase da cada referencia, pregúntales qué aprendieron al marcar esa palabra. Pregunta QUIÉNES creyeron, POR QUÉ creyeron y QUÉ creyeron.

4. Pasa ahora a Juan 3 y discute qué le sucedió a Nicodemo cuando habló con Jesús. Una vez más plantea las seis preguntas básicas. ¿QUIÉN era Nicodemo? ¿CUÁNDO vino a Jesús? ¿POR QUÉ fue a ver a Jesús? ¿CÓMO se dirigió a Jesús—CÓMO lo llamó? ¿QUÉ le dijo Jesús a Nicodemo? ¿QUÉ significa nacer de nuevo? ¿CÓMO sucede? ¿Puedes ver QUÉ sucede, o sólo puedes ver sus resultados? ¿CÓMO es? (discute el hecho que no puedes ver el viento, sino sólo sus efectos).

5. Pide a la clase que te diga lo que aprendieron de marcar la palabra *creer* en Juan 3. Escribe sus observaciones en la pizarra. Haz dos columnas: **Aquellos Que Creen y Aquellos Que No Creen**.

6. Pregunta a la clase qué aprendieron acerca de Dios en este capítulo y haz una lista de sus respuestas en la pizarra. Luego, pregúntales cómo se compara con lo que pensaban anteriormente acerca de Dios. Si hay algunos estudiantes que creen en otros dioses o profetas, escribe en la pizarra lo que ellos creen acerca de su dios o profeta. Luego, pueden comparar al Dios Todopoderoso con su dios.

7. Discute los temas de Juan 1, 2 y 3. Haz que la clase comparta sus temas dados a estos capítulos. Diles que una vez que descubran cuál es el punto central, tema, o eventos de cada capítulo, el tema puede decirse o expresarse de diferentes formas. Aunque cada persona puede establecer el tema con su propia manera, resulta importante que cada uno mire lo que más predomina en el capítulo. Por ejemplo:

   a. Juan 1 habla acerca del Verbo que se hizo carne (Juan 1:14) y del testimonio de Juan el Bautista acerca de Jesús.
   b. Juan 2 trata con la primera señal, la conversión de agua en vino. Ese es el punto principal. Pero los estudiantes también podrían mencionar la señal del templo del cuerpo de Jesús siendo resucitado (lo que ocurriría más adelante).
   c. Juan 3 trata acerca de cómo nacer de nuevo, y también habla sobre el testimonio de Juan el Bautista.

8. Termina la sesión con oración, y anima a la clase a trabajar durante la Tercera Semana preparándose para su siguiente reunión.

Tercera Semana

1. Comienza tu clase escribiendo los títulos formando tres columnas en la pizarra: **La Adoración de los Samaritanos, La Adoración de los Judíos, La Verdadera Adoración.** Usa las seis preguntas básicas, preguntando a la clase lo que aprendió sobre la adoración de los samaritanos. Por ejemplo: ¿DÓNDE adoran los samaritanos? ¿QUÉ adoran? ¿CÓMO? etc. Luego escribe en la segunda columna (**La Adoración de los Judíos**) de igual forma. Asegúrate de discutir qué enseña Juan 4 sobre la verdadera adoración del Padre, y anota en el pizarrón las observaciones del grupo bajo el título apropiado de cada columna.

2. A pesar que la mujer samaritana adoraba en diferente forma que Jesús, tenía un estilo de vida inmoral y era de una clase o raza diferente a Él, ¿cuál fue la actitud de Jesús hacia ella?

Discutan respecto a cómo trató Jesús a la mujer. Procura destacar que Él no ignoró su estilo de vida pecaminoso, sino que lo manifestó claramente. Fíjate que Él no la avergonzó, simplemente le mostró su pecado para que ella pudiera desear el agua de vida que Él estaba ofreciéndole.

Después, habla sobre la actitud de Jesús hacia la mujer y compara esto con la manifiesta actitud de los discípulos. ¿Esto nos muestra la diferencia que el cristianismo debería hacer en el trato a una mujer? Pregunta a tu clase qué aprendieron sobre las mujeres, por la forma cómo trató Jesús a la mujer samaritana (recuerda que Jesús *tuvo* que pasar por Samaria. Pregunta a los estudiantes el por qué. Asegúrate que vean que había una mujer que necesitaba a Jesús—una mujer que contaría a otros acerca de Él al descubrir quién era. ¡Esperamos que las mujeres de tu clase puedan hacer lo mismo!).

Nota: Dependiendo de la cultura en la que estás presentando este material, tal vez desees resaltar que en muchos lugares las mujeres no son adecuadamente estimadas. Muchas veces matan a bebés simplemente por el hecho de ser mujeres. Pero de acuerdo al Salmo 139:13-14 "Porque Tú [Dios] formaste mis entrañas; Me hiciste en el seno de mi madre. Te daré gracias, porque asombrosa y maravillosamente he sido hecho; Maravillosas son Tus obras, Y mi alma lo sabe muy bien". Por lo tanto, cuando alguien mata a un bebé, está matando lo que Dios ha creado. Dios juzgará a esa persona, puesto que cometió un asesinato. La Biblia dice: ""El que derrame sangre de hombre, Por el hombre su sangre será derramada, Porque a imagen de Dios Hizo Él al hombre" (Génesis 9:6).

En muchas culturas a los hombres se les permite golpear a sus esposas, humillarlas y divorciarse de ellas en cualquier momento y por cualquier motivo. Lee Efesios 5:18-33 y nota cómo los hombres llenos del Espíritu de Dios tratan a sus esposas, y cómo ellas les responden.

3. Discute qué aprendió la clase al marcar la palabra *creer*. Pregúntales cómo el creer en lo que han estudiado las últimas tres semanas afectaría su relación con Dios, con Jesús y con otros.

4. Habla sobre la segunda señal que realizó Jesús, formulando las seis preguntas básicas. Asegúrate de discutir lo que esta señal muestra acerca de Jesús. Haz que los estudiantes vuelvan al cuadro del PANORAMA DE JUAN en la página 199, y bajo la columna titulada "Señales" registra las primeras dos señales en el libro de Juan junto al capítulo donde está cada una de ellas. Luego, dile a la clase que te recuerde cada vez que deban anotar otra señal en esta columna.

5. Pide a la clase compartir lo que aprendieron del capítulo 5 acerca del Hijo y del Padre. Haz una lista en la pizarra con lo que compartió la clase acerca **Dios el Padre** en una columna, y **Dios el Hijo** en otra. Luego discute cómo la vida y conducta de Jesús nos mostraron cómo es el Padre. Detente y piensa en la forma en que vivió Jesús y cómo se relacionó con la gente en los primeros tres capítulos de Juan.

6. Finalmente, pregunta a tus alumnos cómo se compara su adoración con la verdadera adoración a Dios. Pregunta cómo deberían relacionarse con el Padre y el Hijo, a la luz de lo que aprendieron al ver la relación de Jesús con el Padre.

7. Discute los temas de Juan 4 y 5. Pide que la clase comparta sus temas del cuadro del PANORAMA DE JUAN en la página 199.

8. Si tienes tiempo, brinda a la clase la oportunidad de compartir lo que está sucediendo en sus vidas como resultado de hacer este estudio. Si alguno está pasando por un tiempo difícil, pide a cada uno que ore por esa persona. Recuerda que los miembros de la clase deben interesarse genuinamente los unos por los otros. Tú, como líder, puedes ser ejemplo por medio de tu amor, interés y oraciones.

Cuarta Semana

1. Haz una lista en la pizarra de las señales mencionadas o hechas en Juan 6. Asegúrate de registrar también las señales que no se mencionan específicamente, pero que son referidas en Juan 6:2. Anota la señal de la multiplicación de los panes y de los peces, y usa las seis preguntas básicas para discutir esa señal. Asegúrate de hablar sobre cómo respondió la gente a esa señal, y por qué la multitud comenzó a seguir a Jesús. Además, no olvides la señal de Jesús caminando sobre el agua. ¿QUIÉN la vio? ¿QUÉ mostró?

2. Haz una lista de todo lo que aprendió la clase sobre Juan 6 acerca del verdadero pan que descendió del cielo.

   a. Lee Éxodo 16:1-31 y explica qué era el maná. ¿QUÉ comían los israelitas diariamente? ¿QUÉ hacían con eso? Usa este pasaje bíblico para empezar una discusión acerca de Jesús siendo el pan de vida.

   b. Si hay tiempo y te sientes guiado por el Espíritu de Dios, comparte también Deuteronomio 8:3 con tu clase, para que puedan ver la importancia de leer y estudiar la Palabra de Dios diariamente, lo que les ayuda a saber cómo deben vivir.

c. Discute qué significan las Escrituras que nos dicen que debemos "comer Su carne y beber Su sangre" (ayuda a los estudiantes a ver que esto es simplemente otra forma de decir que deben creer en Jesús, recibirlo como su Señor y Salvador, hacerlo parte de sus vidas, invitarlo a vivir dentro de ellos e identificarse con Él).

d. Lee Mateo 26:26-29 y 1 Corintios 11:23-26 y explica que la Cena del Señor (1 Corintios 11:20) es una actividad que la iglesia hace periódicamente como un recordatorio que Jesús murió por nuestros pecados y que nosotros al creer en Él, lo recibimos como nuestro Señor y Salvador, y entramos en un pacto con Él.

Un pacto es un convenio solemne. Juan 1:17 nos dice que la Ley (es decir, el Antiguo Pacto o Antiguo Testamento) vino a través de Moisés, y que la gracia y la verdad vinieron a través de Jesucristo. Cuando Jesucristo vino, Él hizo un Nuevo Pacto, un pacto de gracia.

La gracia es un favor no merecido. Aunque éramos pecadores, Dios nos amó y nos favoreció ofreciéndonos el regalo gratuito de la vida eterna—un regalo que podemos recibir creyendo en Jesucristo Quien murió y pagó por todos nuestros pecados. Este es el pacto en Su sangre mencionado en Mateo 26:26-29 y en 1 Corintios 11. El Nuevo Testamento es el Nuevo Pacto, el pacto de gracia. El Antiguo Testamento es el Antiguo Pacto, la Ley.

3. Si aún hay tiempo, repasa lo que los estudiantes escribieron sobre la vida eterna en Juan 6, y cómo se relaciona con Juan 20:30-31. Luego, discute lo que enseña el capítulo sobre ser levantado de la muerte.

4. Comenta las formas en que respondieron varias personas a la enseñanza de Jesús, y lo que nos dice este capítulo acerca de Judas. Resalta que no todos creerán lo que la Palabra de Dios dice ni recibirán a Jesucristo como Señor y Salvador. Discute lo que enseña este capítulo sobre aquellos que no creen y compáralo con lo que les sucede a quienes sí creen.

5. Nota qué fiesta era la más cercana. Si hay tiempo, explícales la Pascua de Éxodo 12:1-13:16. Pide que la clase mire el cuadro LAS FIESTAS DE ISRAEL en las páginas 200 y 201, y explica que los judíos iban a Jerusalén cada año para celebrar esta fiesta.

6. Discute el tema de Juan 6.

7. Termina esta sesión compartiendo y orando. Pídele a Dios que te enseñe cómo crear un ambiente en el que las personas sientan libertad de expresar lo que piensan o creen respecto a lo que están estudiando. No argumentes con ellas, simplemente señala qué dice la Palabra de Dios y deja que Dios haga el resto. Tú no puedes salvar a estas personas ni cambiarlas, solamente Dios puede hacerlo. ¡Ora, ora, ora! Muchas veces, mientras las personas comienzan a explicar lo que piensan, se dan cuenta por ellas mismas cuándo su razonamiento es correcto o no.

Quinta Semana

1. Discute el contenido de Juan 7. Avanza párrafo a párrafo haciendo las seis preguntas básicas. Pide que la clase señale quiénes son las personas y cómo responden. Cuando los estudiantes mencionen la Fiesta de los Tabernáculos, revísala en el cuadro LAS FIESTAS DE ISRAEL en las páginas 200 y 201, prestando atención a la época del año.

2. Pide a la clase que le de un vistazo al Registro de Observaciones y que comparta lo que aprendieron al marcar *el Cristo*. Haz una lista de sus observaciones en el pizarrón. Asegúrate que cada uno recuerde que el propósito de Juan era mostrar que Jesús es *el Cristo*, el Hijo de Dios.

3. Discute las observaciones acerca del Espíritu en Juan 7:37-39. Nota a QUIÉN le fue dado el Espíritu, CUÁNDO sería dado y CÓMO es descrito.

Los verbos griegos traducidos como *venir* y *beber* en Juan 7:37, están en tiempo presente. En el idioma griego el tiempo presente significa una continuidad o acción habitual. Señala que esto indica nuestra constante dependencia en Jesucristo. Recuerda a tus estudiantes que ésta es la misma manera en que vimos vivir a Jesús en relación al Padre en Juan 5:19, 30.

4. Pide que el grupo comparta lo aprendido acerca del pecado al marcar esa palabra en Juan 8. Haz una lista en el pizarrón de lo que ustedes compartan.

   a. Haz que la clase mencione algunos pecados que esclavizan a la gente. Diles que cuando una persona comete un pecado específico por primera vez, también está preparándose para cometer ese pecado otra vez, y otra vez, y otra vez, hasta que se convierte en una esclava de ese pecado. Lo siguiente son algunos ejemplos:
   1) Una persona puede empezar viendo revistas que apelan a sus deseos sexuales. Si no detiene esto, la persona deseará y tratará de probar lo que está viendo hasta que finalmente se convierte en esclava de sus pensamientos, deseos, y luego de sus acciones.
   2) Alguno puede decirte solo una mentira o engañarte solo una vez. Pero, de no ser descubierto continuará haciéndolo, y finalmente la mentira o el engaño se volverán un hábito en su vida.

3) Alguien puede probar una droga que supuestamente le ayudará a dormir o que aliviará un dolor físico. Y si realmente lo ayuda, la probará una vez más. Pero puede terminar queriendo más y más, hasta convertirse en un adicto.

b. Durante esta discusión, mira lo que Dios dice sobre los pecados sexuales. Pide que alguien lea Levítico 20:10-16, y luego háblales sobre las diversas clases de pecados sexuales allí mencionados. Esto es muy importante, puesto que esos pecados se encuentran presentes en todas las culturas.

Asegúrate que tus estudiantes sepan que si alguien comete un pecado sexual en contra de ellos, Dios juzgará a esa persona (pídele a Dios que te haga sensible a las necesidades de la clase, porque aproximadamente una de cada tres o cuatro mujeres son víctimas de abuso sexual, así como muchos hombres). Recuérdale al grupo que Dios sabe lo que ocurrió y que Él quiere ayudarlos a sanar las heridas de sus pecados. Dios también quiere que perdonen a quienes abusaron de ellos, para que puedan avanzar hacia el supremo llamamiento de Dios para sus vidas. Comparte Romanos 8:28-30 y Filipenses 3:7-14, y ora por ellos.

c. Asegúrate de mencionar que Jesús es el Único que nos puede libertar de la esclavitud del pecado. Él nos dice la verdad, nosotros la creemos, la recibimos, y entonces Él nos hace libres de nuestra esclavitud.

5. Discute el contraste entre Jesús y los judíos presentado en Juan 8:21-23, y el contraste entre Jesús y el diablo descrito en Juan 8:44. Haz una lista en el pizarrón.

6. Asegúrate que la clase entienda la importancia de la declaración de Jesús: "porque si no creen que Yo soy, morirán en sus pecados" (Juan 8:24).

Todo creyente verdadero estará de acuerdo con que Jesús es Dios en la carne, uno con/e igual al Padre. Jesús es Dios. Él es deidad (menciona que la palabra *deidad* significa que Jesús es Dios, uno con el Padre, igual al Padre). Y a pesar de esto, las sectas niegan la absoluta deidad de Jesucristo. En cambio, dicen que él es *un* dios o que nosotros somos dioses.

Compara lo que la clase aprendió acerca de la deidad de Cristo en Juan 8, con el propósito de Juan al escribir su evangelio tal como lo declara Juan 20:30-31. Asimismo, pide que la clase repase lo que han aprendido acerca de Jesús en Juan 1-8, mostrando que Jesús es Dios en la carne.

7. No olvides hablar sobre los temas de Juan 7 y 8.

8. Brinda a la clase la oportunidad de expresar cómo se sienten sobre lo que han estudiado hasta el momento. Pídeles que hagan cualquier pregunta que tengan. Pregunta si alguien ha llegado a creer en Jesús y recibirlo como su Señor y Salvador desde que comenzó este estudio. De ser así, dale a esa persona la oportunidad de compartir sobre esto.

9. Termina con oración. Anima a quienes todavía no creen para que hablen abierta y honestamente a Dios sobre ello, y que le digan a Él que realmente desean conocer la verdad, porque la verdad hace libre a las personas.

Sexta Semana

1. Pide a la clase que examine la señal que aparece en Juan 9, usando las seis preguntas básicas. Escribe los siguientes títulos en el pizarrón: **Jesús, El Hombre Ciego, Sus Padres, Los Judíos**. Anota todo lo que ves acerca de esas personas, de su corazón y actitud hacia Jesús y los demás.

Al discutir acerca de los judíos, asegúrate que la clase se dé cuenta que ellos amenazaron con sacar al hombre ciego y a sus padres de la sinagoga. La sinagoga era muy importante para las familias judías, ya que era el centro de adoración— el lugar donde estudiaban la Palabra de Dios. También era un lugar de comunión. El ser expulsado de la sinagoga sería como ser sacado de una iglesia, mezquita o templo. Tal acción por parte de los líderes religiosos judíos, haría que el hombre ciego y su familia fueran expulsados.

Es importante notar que en algunas culturas, los nuevos creyentes también son sacados de sus hogares y separados de sus cónyuges, familia e hijos. Con frecuencia son perseguidos y a veces aun amenazados. En algunas partes del mundo, si una persona cambia de su religión al cristianismo, es condenada a muerte.

¿Cuál es entonces el consuelo y la esperanza de aquellos que son rechazados por sus familias, amigos, comunidad y líderes religiosos debido a su fe en el Señor Jesucristo? Estas son las verdades contenidas en Juan 10—así que pasemos ahora a este capítulo.

2. Escribe tres encabezados en el pizarrón: **El Pastor, Las Ovejas, El Ladrón**. Luego, haz que la clase comparta todo lo que aprendió en Juan 10 al respecto, y registra sus observaciones en el pizarrón (aquí no discutas la sección titulada CARACTERÍSTICAS ACERCA DE LAS OVEJAS, porque esto vendrá después).

Al discutir sobre las maravillosas verdades de Juan 10, sé sensible a tus estudiantes y a sus observaciones. Hay tantas maravillosas promesas en este capítulo que no querrás apresurarlos. Déjalos compartir. Pide que cada persona diga de cuáles versículos obtuvieron sus observaciones. Esto mantendrá al grupo fiel a la Palabra de Dios.

3. Discute por qué Jesús usó esta "figura del lenguaje" (Juan 10:6) con los fariseos (Juan 9:40-41) y cómo reaccionaron ellos.

4. Luego, haz que la clase comparta lo que aprendieron acerca de la deidad de Cristo.

5. Discute por qué los judíos querían apedrear a Jesús.

6. Habla sobre aquellos que reciben vida eterna, cuánto tiempo dura esa vida, y si alguien puede arrebatarla. Al discutir estas cosas, concéntrate en que nadie jamás podrá arrebatarnos de las manos de Cristo, y destaca el hecho de que escuchamos Su voz porque somos Sus ovejas. Resalta que aquellos que son verdaderamente Sus ovejas, vivirán en forma diferente de quienes no Le pertenecen.

7. Discute los temas de Juan 9 y 10.

8. Termina tu tiempo de clase con un panorama general de las CARACTERÍSTICAS DE LAS OVEJAS, y nota por qué Dios se refiere a nosotros como ovejas. Pregúntales: ¿Cómo sabemos que estas cosas nos pueden ayudar en nuestro diario caminar con nuestro Pastor, el Señor Jesucristo? Mantén la discusión tan práctica y específica como sea posible.

Séptima Semana

Menciona a los miembros de la clase que sus siete semanas de compromiso de este estudio han finalizado con esta lección. Sin embargo, anímalos a continuar, ¡porque lo mejor aún está por venir! Y si realmente les gustaría aprender más sobre lo que significa ser un discípulo del Señor Jesucristo, y vivir para Él, y eternamente con Él, deberán comprometerse a otras seis semanas más de estudio. Este es un compromiso del que nunca se arrepentirán, porque durante las próximas seis semanas aprenderán cómo vivir en el poder, la paz y el consuelo del Espíritu Santo.

1. Dibuja un mapa de Israel en el pizarrón, y marca las ciudades más importantes. Repasa los lugares de los principales eventos que tu clase ha estudiado en Juan 1-10, recorriendo a través de Juan capítulo por capítulo, y recordando qué ocurrió y dónde. Procura dejar suficiente tiempo para tu discusión de Juan 11.

Asegúrate de cubrir lo siguiente:

   a. Juan 1—Betania; bautismo de Jesús en el río Jordán; Galilea.
   b. Juan 2—Boda en Caná; Jesús fue a Capernaún y luego a Jerusalén.
   c. Juan 3— Nicodemo en Jerusalén.
   d. Juan 4—Jesús va de Judea a Galilea a través de Samaria, para ministrar a la mujer samaritana junto al pozo.
   e. Juan 5—Hacia Jerusalén para asistir a una fiesta judía.
   f. Juan 6—Hacia el mar de Galilea, donde alimenta a los 5,000.
   g. Juan 7—Jesús deja el mar de Galilea, va a Jerusalén para la Fiesta de los Tabernáculos.
   h. Juan 8—Jesús va al monte de los Olivos, al templo (en Jerusalén), donde Él habla con los judíos diciéndoles que Su testimonio es verdadero.
   i. Juan 9—Jesús sale del templo y sana a un hombre que era ciego de nacimiento.
   j. Juan 10—Jesús pronuncia el discurso acerca de las ovejas y el Pastor en Jerusalén; Fiesta de la Dedicación. Jesús va más allá del Jordán donde Juan bautizaba, quedándose allí por un tiempo.
   k. Juan 11—Jesús parte a Judea y visita Betania, el pueblo de María, Marta y Lázaro—a tres kilómetros y medio de Jerusalén.

2. Pregunta a la clase qué señal milagrosa es realizada en Juan 11. ¿Por qué es una señal tan importante? ¿Qué muestra esta señal acerca de Jesús?

3. Haz una lista de las observaciones de Juan 11 bajo los siguientes encabezados: **Lázaro, María, Marta**.

4. Ahora pregunta a la clase lo siguiente:

   a. ¿Está Dios siempre presente?

   b. ¿Se interesa?

   c. ¿Piensas que Dios sabe de ti?

   d. ¿Sabía Él acerca de Lázaro? ¿Qué sabía acerca de Lázaro? Asegúrate que la clase vea que Jesús no sólo sabía sobre la enfermedad de Lázaro y su muerte, sino también que Lázaro sería levantado de la muerte (menciona que Jesús estaba profundamente conmovido y afligido por la pena de Sus amados, y que las personas se dieron cuenta de Su amor por Lázaro).

5. Discute la reacción de los judíos a las señales que Jesús había realizado, incluyendo la resurrección de Lázaro de la muerte. ¿Qué querían hacerle a Jesús? Pregúntales ¿qué demuestra esto sobre el corazón de estos hombres?

6. Juan 11:54 es un versículo clave de transición en el evangelio de Juan porque marca el final del ministerio público de Jesús. Pide que la clase mire la primera división de sección del cuadro del PANORAMA DE JUAN en la página 199, y a quién Jesús ministraría después—Sus discípulos (seguidores, aprendices).

7. Discute el tema de Juan 11.

8. Pasa tiempo en oración. Adoren juntos a Dios, agradeciéndole por las muchas verdades que cada uno ha aprendido acerca de Él hasta aquí. Anima a cada persona a mencionar por lo menos una cosa que haya aprendido acerca del Padre, el Hijo o el Espíritu Santo, y pídele que cada uno comparta lo que ha sucedido en su entendimiento y en su vida como resultado de los estudios semanales. Luego pídeles que oren los unos por los otros.

Octava Semana

1. Lee Juan 12, párrafo por párrafo, y anota el tema principal de cada uno de ellos en el pizarrón. Pregunta qué significan estas observaciones para cada uno personalmente. Por ejemplo:

   a. Pregúntales qué aprendieron sobre la devoción de María hacia Jesús y sobre la respuesta de Judas. Pregunta cómo deben responder las personas a nuestra devoción al Señor.

   b. Habla acerca de Jesús cabalgando sobre un asno en Jerusalén y siendo aclamado como Rey. ¿Dijo Jesús a la multitud que estaban equivocados? ¿Qué indica Su respuesta a esta aclamación? ¿Qué significaba ser Rey para ellos, y como afectaba su relación con Él?

   c. Cuando llegues al pasaje acerca de "un grano de trigo", discute la ilustración y lo que significa en relación a dar su vida por Cristo.

   d. Discute Juan 12:27-50 como una sola unidad, así tendrás tiempo suficiente para Juan 13. En esta última sección de Juan 12, discute el propósito de Jesús al venir a la tierra. Resalta que a través de la muerte de Jesús por nuestros pecados, el poder de Satanás es destruido y que por lo tanto "el que gobierna este mundo será lanzado fuera".

Lee Efesios 2:1-3, donde vemos el poder de Satanás sobre nuestras vidas antes de recibir al Señor Jesucristo. Es muy importante saber que el poder de Satanás fue destruido, ya que algunas personas viven con gran temor a él y a sus demonios. Todos deben entender que Dios no nos ha dado un espíritu de temor, sino de poder, amor y dominio propio— una mente bajo control (2 Timoteo 1:7).

Discute también el contraste entre la luz y las tinieblas, y lo que sucede cuando creemos. Ayuda a la clase a que vea que negarse a seguir lo que dice Jesús significa rechazarlo. Aclara que si dicen que creen en Jesús, entonces también deben creer en la Palabra de Dios.

2. Discute qué sucedió en Juan 13 cuando Jesús y Sus discípulos celebraban la Pascua.

   a. Examina este pasaje con mucho cuidado, usando las seis preguntas básicas. Menciona todo lo que Jesús hizo, incluyendo por qué lavó los pies de los discípulos. ¿Qué nos dice Su ejemplo sobre cómo debemos vivir? ¿Cómo podemos demostrar a los demás que somos discípulos de Jesús?

   b. Discute sobre la traición de Judas al Señor Jesucristo. Haz que la clase lea Juan 2:24-25; 6-64. ¿Podemos ocultar cosas, en nuestro corazón, a Dios? ¿Qué significa esa verdad para nosotros personalmente? ¿Qué deberíamos hacer cuando somos tentados a guardar cosas en nuestro corazón que no deberían estar allí?

c. Examina la promesa de Pedro a Jesús y Su respuesta.

3. Habla sobre los temas de Juan 12 y 13.

4. Finalmente, brinda a la clase la oportunidad de compartir qué significó para la mayoría la lección de esta semana. Pregunta si tienen alguna pregunta, si hay algo que deseen compartir, o por lo que desean que la clase ore.

Novena Semana

¡Juan 14 y 15 son unos capítulos realmente asombrosos! Arrodíllate y pide al Espíritu Santo que te muestre la forma más efectiva para dirigir esta clase con tu grupo en particular. Te daremos algunas sugerencias, pero deja que Dios te guíe. Solo debes estar seguro de cubrir todo el contenido de estos capítulos. El Espíritu Santo te mostrará dónde debe estar el énfasis para tu grupo.

1. Escribe tres columnas en el pizarrón. **El Padre, El Hijo, El Espíritu Santo**. Pide que la clase comparta todo lo que aprendieron de Juan 14 y 15 acerca de cada persona de la Trinidad, y haz una lista de sus observaciones en las columnas apropiadas.

   a. Ya que ésta es la primera vez que en el evangelio de Juan se da tanta información acerca del Espíritu Santo, asegúrate de usar las seis preguntas básicas. Fíjate QUIÉN es el Espíritu Santo, CÓMO se le describe, CÓMO se le llama, DÓNDE está y CÓMO responde el mundo a Él cuando viene.

   b. Al mirar cada persona de la Trinidad, nota qué da cada una o qué promete.

c. Después de observar y discutir cada persona de la Trinidad, habla sobre el significado de estas verdades para cada persona en tu clase. ¿Cómo el saber estas verdades afecta sus vidas o cambia su forma de vivir?

2. Pide que la clase lea Juan 15:16 en voz alta; y enfatiza el hecho que *Dios* los ha escogido. ¡Qué honor, consuelo, bendición y privilegio! En este punto, probablemente querrás que la clase agradezca a Dios por esta maravillosa verdad y por la promesa de que todo cuanto pidamos en Su nombre (de acuerdo a Su carácter y propósito), Él lo hará. ¡Qué maravillosa verdad!

3. Compara Juan 15:7 con 15:6. Menciona cuán importante es que Sus palabras permanezcan (hablen) en nosotros y que nosotros permanezcamos en ellas. Resalta que esa es la razón por la que resulta vital para nosotros el estudiar la Biblia regularmente.

4. Escribe tres títulos en el pizarrón: **La Vid, El Viñador, Los Sarmientos.** Repasa lo descubierto por la clase en la alegoría de la vid y los sarmientos. Haz una lista de los puntos que compartan.

Discute qué significa permanecer en Jesús, y aplica esta información a los 11 discípulos y a Judas (quien pronto traicionaría a Jesús). Discute también el hecho de que Pedro negaría a Jesús pero que no lo traicionaría, sino que regresaría para servir al Señor y que finalmente moriría por Él. Jesús predijo la muerte de Pedro en Juan 21, la cual estudiaremos en nuestra última semana juntos.

5. Pide a la clase discutir los temas de Juan 14 y 15.

6. Una vez más, brinda a la clase la oportunidad de compartir lo que les está sucediendo personalmente al hacer estos estudios semanales. Si el Señor te guía, dales la oportunidad de orar diciéndole a Dios que creen en el Señor Jesucristo, que quieren seguirlo como Sus discípulos, y que desean que el Espíritu Santo viva dentro de ellos como Su consolador, ayudador y guía.

Nota. Debido a que la discusión de la próxima semana se basará en lo que estudiaste esta semana, deberías guardar todas las observaciones acerca de **El Padre, El Hijo y El Espíritu Santo**. Y la siguiente semana, antes de empezar el estudio, vuelve a escribir la información en el pizarrón. Luego, cuando la clase comparta lo que aprendió sobre cada persona de la Trinidad en Juan 16, tendrás una completa lista que incluirá tanto Juan 15 como el 16.

Décima Semana

Antes que llegue el grupo, escribe en el pizarrón las observaciones que fueron compartidas durante la última semana bajo los títulos **El Padre, El Hijo, El Espíritu Santo**.

1. Discute y haz una lista en el pizarrón de las observaciones de Juan 16 acerca del Padre, el Hijo y el Espíritu Santo.

2. Luego, pídele al grupo que busque Juan 1-14 y que comparta cualquier observación adicional que obtuvieron acerca del Espíritu Santo. Agrégalas también a la lista del pizarrón.

3. Pregúntale a la clase qué aprendió de Juan 14-16 acerca de aquellos que vienen al Padre a través del Hijo. En tu discusión, asegúrate de hablar sobre el costo de seguir a Jesús. Pregunta cómo el mundo responderá a aquellos que sigan a Jesús, de acuerdo a Juan 15:17-25. Hablen también sobre cómo preparó Jesús a Sus discípulos para esa tribulación en Juan 16. Hablen sobre la importancia de amarse unos a otros.

4. ¿Cómo se aplican a la vida diaria estas cosas que acaban de tratarse en el punto tres? Asegúrate que las aplicaciones sean realmente prácticas.

5. Comenta sobre el tema de Juan 16.

6. Anima a tus estudiantes a hablar sobre la tribulación que pueden enfrentar, hayan enfrentado o estén enfrentando actualmente. Pide que discutan sobre sus temores como también sobre sus victorias, y luego oren unos por otros. Recuerda que el amor es la clave. Pídele a Dios te llene de amor para tus estudiantes—de un amor que debe ser mucho más que palabras.

Décima Primera Semana

Al estudiar Juan 17, recuerda a tus alumnos que esta oración revela el corazón de Dios para con ellos (pide que se concentren en el versículo 20 para que vean que esto no era sólo para los discípulos, sino también para nosotros en la actualidad). Al dirigir esta discusión, permite que el grupo comparta cómo afirma esta oración que Dios está ahí, que se interesa y que sabe acerca de ellos.

1. Haz una lista en el pizarrón sobre cualquier observación que la clase comparta en lo referente a la oración por los 11 discípulos, y por las personas futuras quienes creerían en Jesús a través de Su palabra.

2. Discute el ejemplo de Jesús y cómo puede esto ser modelado por la clase en sus propias vidas. Debido al gran significado que tiene para nosotros, el leer la oración de Jesús por Sus amados, sugiéreles a todos el considerar escribir una oración por sus seres queridos. Tal vez no deseen mostrar lo que escribieron, ¡pero esto podría ser un maravilloso legado!

3. ¿Qué aprendió el grupo en Juan 17 sobre la importancia de la Palabra de Dios? Pregúntales cuál piensan que es la conexión del maligno (Satanás) con el mundo. ¿Cuál es su seguridad en este capítulo, en relación con el maligno? ¿Cuál es su responsabilidad? Pregunta a los miembros de la clase si tienen cuidado al asociarse con otros, como también con lo que miran, oyen, escuchan y creen. Asegúrales que si están en la Palabra de Dios, y determinan en sus corazones obedecerla, no tendrán nada qué temer del mundo ni del maligno.

4. Asegúrate de preguntar sobre el tema de Juan 17.

Décimo Segunda Semana

Comienza con oración, y pídele al Espíritu Santo que le dé a cada uno una visión del grande y profundo amor de Dios para ellos. También, pide que le muestre a cada uno lo que Jesucristo sufrió para pagar por sus pecados y por los de toda la humanidad.

1. Juan 18 y 19 son dos capítulos preciosos que relatan el arresto, juicio y crucifixión de nuestro Señor. Examina estos capítulos párrafo por párrafo. Discute lo que sucede en cada párrafo y escribe una lista de estas observaciones en el pizarrón.

2. Pide al grupo que piense sobre las diferentes personas que conocieron a Jesús. Habla de cómo se relacionaron con Él y cómo les respondió. Pregunta a los estudiantes qué están aprendiendo acerca de Jesús, de las personas y de cómo responder a otros.

3. Discute qué aprendió la clase al marcar *pecado, verdad, Rey* y *reino*.

4. Discute los temas de Juan 18 y 19.

5. Cierra la discusión con un tiempo de oración. Insta a cada persona a agradecer a Dios por alguna verdad que hayan apreciado, especialmente en Juan 18 o 19. Diles que si quieren recibir al Señor Jesucristo como su Salvador, pueden orar a Dios y decirle que ellos creen y que quieren ser Sus hijos y vivir con Él para siempre. Aquellos que ya lo conocen pueden orar y afirmar su compromiso de continuar buscando la santidad, de modo que sus vidas estén continuamente agradándole.

Décimo Tercera Semana

La resurrección corporal de nuestro Señor Jesucristo es una parte esencial del evangelio—las buenas nuevas de salvación a través de la fe en Jesucristo. Esta realidad es única del cristianismo. Ninguna otra religión tiene un Salvador que llegó a ser como Sus seguidores, murió por sus pecados y luego se levantó de la muerte, prometiendo perdón de los pecados y vida eterna para aquellos que crean. Ya que la resurrección es la piedra angular de nuestra fe, asegúrate de permitir a la clase el tiempo adecuado para compartir los hechos sobre la resurrección de Jesús.

Antes que comiences, escribe dos encabezados en el pizarrón: **Juan 20** y **1 Corintios 15**.

1. Examina lo que aprendes en Juan 20 usando las seis preguntas básicas, y escribe todos los hechos en el pizarrón bajo el encabezado apropiado. También, pregunta a la clase de qué manera muestra la resurrección Juan 21.

2. Pide que la clase lea 1 Corintios 15:1-8 en la página 132, y resalta las verdades que aprendieron acerca de la resurrección. Escribe los hechos bajo el título apropiado.

3. Haz unas líneas para conectar las verdades que aparecen bajo **Juan 20**, que sean paralelas a las verdades de **1 Corintios 15**.

4. ¿Cómo puede la clase saber que la resurrección es una señal? Compárala con la señal de Juan 11. ¿Qué hace que la resurrección de Jesús sea una señal más grande que la resucitación de Lázaro? ¿Jesús volvió a morir? ¡No!, pero Lázaro sí.

 a. Pide que el grupo busque Juan 5:24 y 6:39-40, y lo lea en voz alta. ¿Cuál es la promesa para los que creemos?

 b. ¿Qué de aquellos que no creen? Pide al grupo que lea Juan 3:36. Aquellos que no creen mueren dos veces. Ellos vivieron una vez, pero fue una vida de muerte porque estaban muertos en sus delitos y pecados. Creyeron en el padre de las mentiras, el diablo, quien es un asesino, en lugar de creer en el Único que dio Su vida por ellos. Por lo tanto, mueren dos veces. ¡Qué tremenda tristeza!

5. Ahora, lleva a tu clase a ese maravilloso final del capítulo de Juan y discute qué eventos se llevaron a cabo allí.

6. Haz una lista en el pizarrón de lo que aprendió la clase acerca de Jesús, Pedro, las ovejas de Jesús y Juan.

a. Al discutir acerca de Pedro, nota cuidadosamente cómo Jesús trató a Pedro. Él no lo rechazó, sino que lo llamó para que se hiciera cargo de Sus ovejas.

b. Nota la preocupación de Pedro acerca de Juan y cómo le respondió Jesús. ¿Deberíamos preocuparnos por lo que le sucede a otros cristianos para compararnos con ellos? ¡No! Nosotros lo que debemos es seguir a Jesucristo hasta la muerte. Pregunta a la clase cuán comprometidos están siguiendo a Jesús.

Asegúrales a los estudiantes que ningún hombre puede quitarles sus vidas; que ellos no morirán hasta que el Señor Jesucristo esté listo para llevarlos a casa. Discute qué aprendieron en esta lección sobre aquellos cristianos que mueren.

7. Habla sobre los temas de Juan 20 y 21.

8. Pregunta a la clase cómo vivirán a la luz de las verdades que aprendieron en Juan 20-21, así como de todo el libro de Juan.

9. Finalmente, cierra con un tiempo de oración. Diles a todos cuánto aprecias su fidelidad en terminar este curso. Si hay alguien que todavía no ha creído, continúa orando por él, porque solamente Dios puede salvarlo. Recuerda que Jesús no pierde ninguna de Sus ovejas.

¡Muchas bendiciones para ti por haber dirigido este estudio! Pregúntale a Dios qué quiere Él que hagas ahora. Recuerda que eres hechura suya, creado en Cristo Jesús para buenas obras, las cuales Dios preparó de antemano (planeadas) para que anduviésemos en ellas (Efesios 2:10). No importa qué hagan los demás, sigue a Jesucristo... y solamente a Él.

Acerca De Ministerios Precepto Internacional

Ministerios Precepto Internacional fue levantado por Dios para el solo propósito de establecer a las personas en la Palabra de Dios para producir reverencia a Él. Sirve como un brazo de la iglesia sin ser parte de una denominación. Dios ha permitido a Precepto alcanzar más allá de las líneas denominacionales sin comprometer las verdades de Su Palabra inerrante. Nosotros creemos que cada palabra de la Biblia fue inspirada y dada al hombre como todo lo que necesita para alcanzar la madurez y estar completamente equipado para toda buena obra de la vida. Este ministerio no busca imponer sus doctrinas en los demás, sino dirigir a las personas al Maestro mismo, Quien guía y lidera mediante Su Espíritu a la verdad a través de un estudio sistemático de Su Palabra. El ministerio produce una variedad de estudios bíblicos e imparte conferencias y Talleres Intensivos de entrenamiento diseñados para establecer a los asistentes en la Palabra a través del Estudio Bíblico Inductivo.

Jack Arthur y su esposa, Kay, fundaron Ministerios Precepto en 1970. Kay y el equipo de escritores del ministerio producen estudios **Precepto sobre Precepto,** Estudios **In & Out**, estudios de la **serie Señor**, estudios de la **Nueva serie de Estudio Inductivo**, estudios **40 Minutos** y **Estudio Inductivo de la Biblia Descubre por ti mismo para niños.** A partir de años de estudio diligente y experiencia enseñando, Kay y el equipo han desarrollado estos cursos inductivos únicos que son utilizados en cerca de 185 países en 70 idiomas.

Movilizando
Estamos movilizando un grupo de creyentes que "manejan bien la Palabra de Dios" y quieren utilizar sus dones espirituales y talentos para alcanzar 10 millones más de personas con el estudio bíblico inductivo para el año 2015. Si compartes nuestra pasión por establecer a las personas en la Palabra de Dios, te invitamos a leer más. Visita **www.precept.org/Mobilize** para más información detallada.

Respondiendo Al Llamado
Ahora que has estudiado y considerado en oración las escrituras, ¿hay algo nuevo que debas creer o hacer, o te movió a hacer algún cambio en tu vida? Es una de las muchas cosas maravillosas y sobrenaturales que

resultan de estar en Su Palabra – Dios nos habla.

En Ministerios Precepto Internacional, creemos que hemos escuchado a Dios hablar acerca de nuestro rol en la Gran Comisión. Él nos ha dicho en Su Palabra que hagamos discípulos enseñando a las personas cómo estudiar Su Palabra. Planeamos alcanzar 10 millones más de personas con el Estudio Bíblico Inductivo para el año 2015.

Si compartes nuestra pasión por establecer a las personas en la Palabra de Dios, ¡te invitamos a que te unas a nosotros! ¿Considerarías en oración aportar mensualmente al ministerio? Si ofrendas en línea en **www.precept.org/ATC**, ahorramos gastos administrativos para que tus dólares alcancen a más gente. Si aportas mensualmente como una ofrenda mensual, menos dólares van a gastos administrativos y más van al ministerio.
Por favor ora acerca de cómo el Señor te podría guiar a responder el llamado.

COMPRA CON PROPÓSITO
Cuando compras libros, estudios, audio y video, por favor cómpralos de Ministerios Precepto a través de nuestra tienda en línea (**http://store.precept.org/**) o en la oficina de Precepto en tu país. Sabemos que podrías encontrar algunos de estos materiales a menor precio en tiendas con fines de lucro, pero cuando compras a través de nosotros, las ganancias apoyan el trabajo que hacemos:

• Desarrollar más estudios bíblicos inductivos
• Traducir más estudios en otros idiomas
• Apoyar los esfuerzos en 185 países
• Alcanzar millones diariamente a través de la radio y televisión
• Entrenar pastores y líderes de estudios bíblicos alrededor del mundo
• Desarrollar estudios inductivos para niños para comenzar su viaje con Dios
• Equipar a las personas de todas las edades con las habilidades es estudio bíblico que transforma vidas

Cuando compras en Precepto, ¡ayudas a establecer a las personas en la Palabra de Dios!

www.ingramcontent.com/pod-product-compliance
Lightning Source LLC
LaVergne TN
LVHW051114080426
835510LV00018B/2038